世纪英才高等职业教育课改系列规划教材（汽车类）

汽车电气设备原理与检修

张建峰　于建锋　主　编

刘言强　主　审

人民邮电出版社
北京

图书在版编目（CIP）数据

汽车电气设备原理与检修／张建峰，于建锋主编
-- 北京：人民邮电出版社，2011.2
世纪英才高等职业教育课改系列规划教材. 汽车类
ISBN 978-7-115-24606-6

Ⅰ. ①汽… Ⅱ. ①张… ②于… Ⅲ. ①汽车－电气设
备－理论－高等学校：技术学校－教材②汽车－电气设备
－车辆修理－高等学校：技术学校－教材 Ⅳ. ①U463.6

中国版本图书馆CIP数据核字(2010)第241314号

内 容 提 要

本教材以具体项目任务为教学主线，以实验实训场所为平台，将理论教学与技能操作训练有机地结合，系统地介绍了现代汽车电气设备的结构、原理、安装调试等内容。教材中的内容包括开篇导学和 10 个学习项目，共 18 个学习任务，每个任务都由任务学习引导、任务实施和任务评价等环节构成。项目一介绍了汽车电气维修常用工具的使用，项目二介绍了汽车电源系统的检修，项目三介绍了汽车启动系统的检测与排故，项目四介绍了汽车照明与信号系统的检修，项目五介绍了汽车仪表与报警系统的检修，项目六介绍了汽车电动刮水系统的检修，项目七介绍了汽车辅助电器设备的检修，项目八介绍了汽车中控门锁与防盗系统的检修，项目九介绍了汽车安全气囊系统的拆装与检修，项目十介绍了全车电路的识读与分析。

本教材图文并茂、深入浅出、通俗易懂，可作为高职高专院校汽车类专业的教材，也可供汽车类专业培训和汽车维修技术人员使用。

世纪英才高等职业教育课改系列规划教材（汽车类）

汽车电气设备原理与检修

♦ 主　　编　张建峰　于建锋
　　主　　审　刘言强
　　责任编辑　丁金炎
　　执行编辑　郝彩红

♦ 人民邮电出版社出版发行　　北京市崇文区夕照寺街 14 号
　　邮编　100061　电子函件　315@ptpress.com.cn
　　网址　http://www.ptpress.com.cn
　　三河市潮河印业有限公司印刷

♦ 开本：787×1092　1/16
　　印张：13.75
　　字数：344 千字　　　　　　　　2011 年 2 月第 1 版
　　印数：1－3 000 册　　　　　　　2011 年 2 月河北第 1 次印刷

ISBN 978-7-115-24606-6

定价：27.00 元

读者服务热线：(010)67132746　印装质量热线：(010)67129223
反盗版热线：(010)67171154
广告经营许可证：京崇工商广字第 0021 号

本教材立足高职高专教育的人才培养目标，坚持"以就业为导向，以全面素质为基础，以能力为本位"的宗旨，突出高职高专为生产一线培养技术型专门人才的教学特点，以突出实践能力的培养为原则，精心组织相关内容，力求简明扼要、突出重点，以适应社会发展的需要，使其更具有针对性、实用性和可读性，努力突出高职教材的特点。

本教材的特点如下。

◆ 本教材结构的组织方面，以项目任务为教学主线，通过设计不同的项目，巧妙地将知识点和技能训练融于各个项目之中。教学内容以"必需"与"够用"为度，将知识点作了较为精密的整合，由浅入深、循序渐进，强调实用性、可操作性和可选择性。

◆ 本教材将理论教学与技能训练有机结合，以实验与实训场所作为教学平台，适合采用"项目教学法"完成课程的理论实践一体化教学的要求，使教、学、练紧密结合，突出了学生实际操作能力、设计能力和创新能力的培养和提高，真正体现了职业教育的特点。

本教材由紫琅职业技术学院张建峰、于建锋担任主编。全书共分 10 个学习项目共 18 个学习任务。张建峰编写了项目四、项目五、项目七、项目八、项目九、项目十；于建锋编写了项目一、项目二、项目三、项目六；刘言强、曾衷新、冒兴峰、陶琦也参与了本教材的编写。全书由刘言强主审。

本教材在编写过程中借鉴、参考了汽车电气内容的相关文献，在此向参考文献的作者表示诚挚的谢意！

由于编者水平有限，书中不妥之处在所难免。恳请读者批评指正。

编　者

Contents 目　录

项目一　汽车电气维修常用工具的使用

任务一　汽车电气维修常用工具的使用

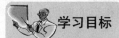 **学习目标**

◇ 掌握汽车电气系统的组成。
◇ 掌握汽车电气系统的特点。
◇ 了解现代汽车电气设备的现状及发展趋势。
◇ 掌握常用维修工具的使用方法。
建议完成本任务的学时为 6 学时。

内容结构

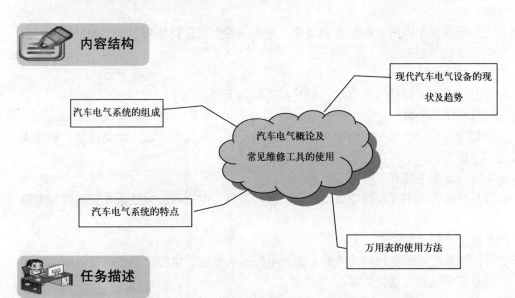

任务描述

　　学习汽车电气的组成和特点，现代汽车电气设备的现状及发展趋势，完成正确使用万用表等常见维修工具的任务。

第一部分　任务学习引导

一、汽车电气设备的组成

　　现代汽车的电气设备种类和数量很多，但总的来说可以分为 3 大部分，即电源、用电设备和配电装置及全车电路。

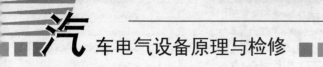

1. 电源

汽车电源有两个，即蓄电池和发电机。发电机是主要电源，蓄电池是辅助电源。在发电机停转或启动时，由蓄电池供给电能；发电机达到某一转速后，由发电机供电。在发电机向用电设备供电的同时，也向蓄电池充电。

2. 用电设备

用电设备主要由以下几个系统组成。

(1) 启动系统

启动系统用于启动发动机，主要包括启动机和控制电路。

(2) 照明与信号系统

照明系统用于提供车辆在夜间安全行驶时必要的照明，包括车外照明和车内照明。信号系统，用于提供安全行车所必需的信号，包括音响信号和灯光信号。

(3) 仪表及报警装置

仪表及报警装置用来监测发动机及汽车的工作情况，使驾驶员能够通过仪表及报警装置及时得到发动机及汽车运行的各种参数及异常情况，确保汽车的正常运行。它主要包括车速里程表、发动机转速表、水温表、燃油表、电流表、机油压力表、气压表及各种报警和指示灯。

(4) 空调系统

空调系统用于保持车内适宜的温度和湿度，使车内的空气保持清新，主要包括制冷、采暖、通风和空气净化等装置。

(5) 娱乐和信息系统

娱乐和信息系统主要包括汽车音响、导航和通信等系统。

(6) 常用汽车辅助装置

常用汽车辅助装置包括汽车的电动车窗、电动后视镜、风窗刮水器、电动座椅、电动天窗和中控门锁等设备。

(7) 全车电路及配电装置

全车电路及配电装置主要包括中央接线盒、保险装置、继电器、电线束及插接件和电路开关等。

(8) 汽车电子控制系统

汽车电子控制系统主要包括燃油喷射系统、电控点火系统、电控自动变速器、制动防抱死装置、电控悬架系统和自动空调等。

二、汽车电气设备的特点

汽车电气设备与普通的电气设备相比有以下的特点。

1. 低压

目前汽油车普遍采用 12V 电源，重型柴油车多采用 24V 电源。汽车运行中的电压，前者为 14V，后者为 28V。

2. 直流电

现代汽车发动机是靠电力启动启动机的，启动机由蓄电池供电，向蓄电池充电必须用直流电，所以汽车电系为直流电系统。

3. 单线制

汽车的底盘及发动机是由金属制造的，具有良好的导电性能，因此，汽车电气设备的负极直接或间接通过导线与车架或车身金属部分相连，即用汽车的金属机体作为一条公共的零线。

4. 并联连接

汽车中的各用电设备均采用并联。蓄电池与发电机之间以及所有用电设备之间，都采用正极接正极，负极接负极。这样，当汽车在使用中某一支路出现故障时，不会影响其他支路的正常工作。

5. 负极搭铁

采用单线制时，蓄电池的负极接到车架或车身上，故称负极搭铁。这种搭铁形式对金属的化学腐蚀较轻，对无线电的干扰小。我国标准规定汽车线路统一采用负极搭铁。

6. 保险装置

为了防止短路和过载，电路中通常设有保护装置，如熔断器、熔丝和自动保护继电器等。

7. 线路的颜色和编号

为了区分不同线路的连接，汽车上的所有低压导线必须选用不同颜色的单色或双色线，并在导线上编号。编号一般由生产厂家统一编定。

三、现代汽车电气设备的现状及趋势

1. 现代汽车电气设备的现状

电子技术的应用已经深入到汽车所有的系统。

发动机系统：电控燃油喷射系统、怠速自动控制、废气再循环和电子点火系统。

电控自动变速器：根据行驶路况可以改变换挡规律，如经济模式、运动模式和动力模式。

电控悬架：根据路况的不同改变悬架的弹性系数、减震器的阻尼系数和车身高度。

防抱死制动系统、驱动防滑控制系统：最大限度的利用路面上的附着系数，使车辆在制动和起步、加速过程中，避免出现"滑拖"和"滑转"。

电控动力转向系统、自动空调系统、车载信息等。

据统计，从 1989 年至 2000 年，平均每辆汽车上的电子装置在整个汽车制造成本中所占的比例由 16%增至 23%以上，电子产品占到整车成本的 50%以上（2001 年每辆轿车上的半导体器件成本为 205 美元，到 2009 年达到 267 美元。国外每辆汽车采用汽车电子产品的平均费用 1990 年为 672 美元，2000 年已达到 2000 美元）。

2. 汽车电子技术的应用趋势

信息化：时速表、发动机转速表和油量表已远远不能显示汽车的数百个故障码，反光镜和后视镜看起来也不方便，为此，传统的"三表"可能集体"退休"，取而代之的是全方位的后视和侧视摄像头以及一块集网络、诊断和数字显示功能于一体的触摸式液晶屏幕。信息化的另一个应用是车载动态信息系统，将集成已有的道路自主导航、电子地图、车辆定位动态显示和轨迹回放等技术。

节能化：电动助力转向系统、电控自动变速器的应用。开车的人都知道，高速行时，转向盘转向很容易，而缓速转弯时，转向则很吃力。这种发动机带动助力装置的工作方法，会增加 2%左右的油耗。新研发的电动助力转向系统只在转弯时启动，直线行使就"稍息"，以节省能源。

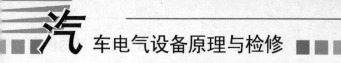

舒适化：自动空调系统和智能化空调系统根据乘员来设定车内的温度，自动搜集车内外温度、湿度、阳光及车速等一系列信号，并按一定的数学模型计算，以获得最佳空调运行模式，还可随时自动调节。

四、汽车电气常见维修工具的使用

1. 跨接线

跨接线就是一段多股导线，两端分别接有鳄鱼夹或不同形式的插头，如图 1-1 所示。

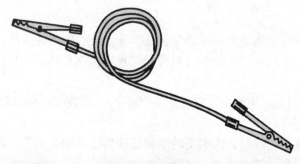

图 1-1 跨接线

跨接线可以用来对被怀疑断路的导线起替代鉴别作用，也可以在不需要某部件的功用时，用跨接线短路，而将其隔离出去，以检查部件的工作情况。需要注意的是，使用跨接线引入 12V 电源电压时要注意被测部位的工作电压是否为 12V。如有的喷油器工作电压为 4V，加上 12V 电压就可能致使喷油器损坏。跨接线不能误用于实验部件的"+"接头与搭铁之间，否则会使电源短路。

2. 测试灯

（1）12V 无源测试灯

12V 无源测试灯由 12V（2～20W）灯泡、导线和各种型号的插头组成，如图 1-2 所示。

12V 无源测试灯可以用来检查电源电路各线端是否有电源。将 12V 测试灯一端搭铁，另一端接电气部件电源接头，如灯亮，说明电气部件的电源电路无故障；如灯不亮，顺电源方向找出第二接点测接。如灯亮，则电路在第二接点与电源接头间有断路故障；如灯仍不亮，再顺电源方向测接第三接点……直到灯亮为止。且故障在最后一个被测接头与上一个被测接点间的电路上，大多为断路故障。

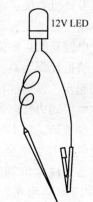

图 1-2 12V 无源测试灯

（2）12V 有源测试灯

12V 有源测试灯与 12V 无源测试灯基本相同，它只是在手柄内加装两节 1.5V 干电池，如图 1-3 所示。

12V 有源测试灯用来检查电气电路断路和短路故障。

① 断路检查

首先断开与电气部件相连接的电源电路，将测试灯一端搭铁，另一端接电路各接点（从电路首端开始）。如果灯不亮，则断路出现在被测点与搭铁之间；如果灯亮，则断路出现在此时被测点与上一个被测点之间。

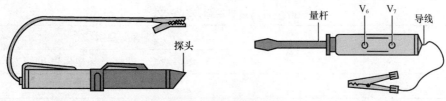

图 1-3 12V 有源测试灯

② 短路检查

首先断开电气部件电路的电源线和搭铁线，测试灯一端搭铁，一端与余下电气部件电路相连接。如灯亮，表示有短路故障（搭铁）存在。然后逐步将电路中连接器拔开，开关打开，拆除各部件，直到灯灭为止，则短路出现在最后开路部件与上一个开路部件之间。

需要注意的是不可用测试灯检查发动机微电脑控制系统，除非维修手册中有特殊说明。

3. 汽车专用电笔

对汽车维修电工来说，配备专用电笔在维修工作中是十分方便的。它不仅可以用于汽车电路测试，代替测试灯，而且可以直接从电笔的灯光指示上判断发电机、调节器的工作是否正常。在这方面，它甚至比万用表更实用。

汽车专用电笔分 A 型、B 型两种。A 型用于 12 V 电源检测，B 型用于 24 V 电源检测。使用时，根据电源电压，将电笔负极用鳄鱼夹与搭铁可靠地相接，而将电笔头逐次碰触被测点，这时电笔上的两只双色二极管可组合指示 6 种颜色，分别对应不同的电压值。汽车专用电笔显示色与电压状态见表 1-1。

表 1-1　　　　　　　　　　汽车专用电笔显示色与电压状态对应表

对应电压显示情况		12V 电系（V）	24V 电系（V）	备注
V_6	红	11	23	
	橙	12	24	V_7 不亮
	橙绿	12.6	24.6	
V_7	红	13	25	
	橙	14	26	V_6 显示橙绿色
	橙绿	15	27	

4. 万用表

常用的万用表有指针式和数字式两种。

（1）指针式万用表

指针式万用表有 500 型、MF9 型、MF10 型等多种型号。尽管型号或功能有所不同，但都是一种具有多功能的仪表。指针式万用表一般都可测量直流电压、直流电流、交流电压、静态电阻等，有的还能测量交流电流、电容量、电感量以及晶体管的某些参数。图 1-4 所示即为 500 型指针式万用表。

表盘上的符号及含义见表 1-2。

图 1-4 指针式万用表（500 型）

表 1-2   500 型万用表盘符号及其含义

符号	含义说明
A-V-Ω	安培-伏特-欧姆，即电流表-电压表-欧姆表
Ω 标尺	供测量电阻时用
~ 标尺	供测量交流电压和直流电压时用
10 V	供测量 10V 以下交流电压时用
dB 标尺	以分贝为单位，用来测量音频电平

（2）数字式万用表（汽车专用）

汽车专用的数字万用表如图 1-5 所示。

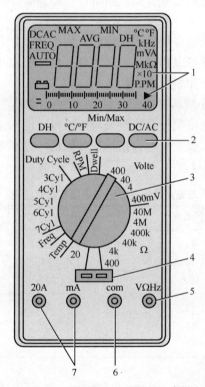

1—4 位数字及模拟量（棒型图）显示器；2—功能按钮；3—测试项目（功能）选择开关；4—测量温度插座；
5—测量电压、电阻、频率、闭合角、频宽比（占空比）及转速公用插座；
6—公共接地插座；7—测量电流插座

图 1-5   数字式万用表（汽车专用）

① 主要技术参数

该数字万用表的主要技术参数见表 1-3。

表 1-3   汽车专用数字式万用表主要技术参数

主要功能	技术参数
直流电压	（400mV～400V）（1±0.5%），1000V（1±1%）
直流电流	400（1±1%）mA，20（1±2%）A

续表

主要功能	技术参数
交流电压	（400mV～400V）（1±1.2%），750V（1±1.5%）
交流电流	400（1±1.5%）mA，20（1±2.5%）A
电阻	400Ω（1±1%），（4kΩ～4MΩ）（1±1%），40（1±2%）MΩ
频率	4kHz～4MHz（1±0.05%）10Hz
音频	电路通、断音频信号测试
二极管的检测	±（1%rdg+3dgt）
温度的检测	–18～（300±3）℃，（301～1100）（1±3%）℃
转速	（150～3999）(1±0.3%)r/min,(4000～10000)(1±0.6%)r/min
闭合角	±0.5%
频宽比	±0.2%

② 特殊功能及其检测

a．信号频率的检测将功能选择开关转至频率挡（Freq），公用插座（com）的测试线接地，VΩHz 插座的测试线接被测的信号线，此时在显示器上即可读取被测信号的频率。

b．温度的检测将功能选择开关置于温度挡（Temp），把温度探针插入温度检测插座，按温度测量单位选择钮℃/℉，再把温度探针接触所测物体的表面，显示器即显示出所测的温度。

c．闭合角的检测将功能选择开关转至相应发动机汽缸数的闭合角测量位置（DWell），公用插座（com）的测试线接地，VΩHz 插座的测试线接点火线圈负极"－"接线柱，在发动机运转时显示器即能显示出点火线圈初级电流增长的时间（即闭合角，也叫导通角）。

d．占空比的检测将功能选择开关转至占空比测量位置（Duty Cycle），公用插座（com）的测试线接地，VΩHz 插座的测试线接被测的信号线，显示器即显示出被测电路一个工作循环（周期）中脉冲信号所保持时间的相对百分数，即占空比。

e．转速的测量将功能选择开关置于转速挡（RPM），将转速测量的专用插头插入公用插座和 VΩHz 插座，再将感应式转速传感器的夹子夹到某一缸的高压分线上，在发动机工作时显示器即显示出发动机的转速。

f．启动机启动电流的检测将功能选择开关置于 400mV 挡（1mV 相当于 1A），把霍尔效应式电流传感器的夹子夹在蓄电池的电源线上，按最小/最大按钮（Min/Max），拆除点火线圈并转动发动机曲轴 2～3s，显示器即能显示出启动电流。

g．氧传感器的检测首先拆下氧传感器线束，用一跨接线将此线束与氧传感器相接，然后将功能选择开关置于 4V 挡，按 DC/AC 按钮并置于 DC 状态，再按 Min/Max 按钮，使 com 插座的测试线接地 VΩHz 插座的测试线与氧传感器的跨接线相连，让发动机运转至快怠速(约 2000r/min)，此时氧传感器的工作温度可达 360℃以上。排气浓时，氧传感器的输出电压约为 0.8V；排气稀时，输出电压为 0.1～0.2V。可是，当氧传感器的工作温度低于 360℃时，则无电压信号输出。

第二部分　任　务　实　施

在任务实施的过程中，将学习的内容运用其中，做到学以致用。

一、工具准备

① 万用表每组 1 只。

② 整车电气台架每组 1 台。

二、技术要求与标准

① 所有操作符合安全操作要求。

② 所有操作符合汽车电气常用工具使用技术标准。

③ 在操作过程中不允许出现安全事故。

三、要完成的工作

选用合适的万用表，在整车台架上进行以下操作。

1．电压检测

黑色表笔接负极，红色表笔接正极，可以测量汽车中的各种电源。测量电压时要了解所测电压的性质及电压的高低，并选择不同的旋钮。测量直流电压时选择 DCV 挡位。

2．电流测量

将黑色表笔接负极，红色表笔接正极，将功能开关置于 DCA 或 ACA 量程范围，测量直流或交流。

3．电阻测量

选择测量电阻的功能挡位和量程范围，进行电阻测量。

4．二级管测量及蜂鸣器连续性测试

① 将黑色表笔插入负极测量插座，将红色表笔插入正极测量插座。

② 将功能开关置于欧姆挡位并用表笔测量二极管的电阻，反向再测量其电阻，就能判断二极管的好坏。

③ 待电路的两端电阻值低于 70Ω 时内置蜂鸣器发声。

任务评价

一、自我评价

1．你认为汽车电气当中为什么要用单线制？

2．本任务给你印象最深的是什么？

3．自己对学习本任务的自我评价（包括着装、学习态度、知识以及技能掌握程度、工作页的填写情况等）。

二、小组评价

序号	评价项目	评价情况		
		好	中	差
1	出勤情况			
2	着装情况			
3	课堂秩序			
4	学习是否积极主动			
5	学习任务书填写			
6	工具、仪器的使用情况			
7	工具整理、现场清理的情况			

三、教师评价

教师的总体评价：

项目二 汽车电源系统的检修

任务一 蓄电池的检测与维护

 **学习目标**

◇ 掌握蓄电池的功用与结构。
◇ 掌握蓄电池的工作原理。
◇ 了解蓄电池的容量及其影响因素。
◇ 掌握蓄电池的常见故障及排除方法。
建议完成本任务的学时为 8 学时。

 **内容结构**

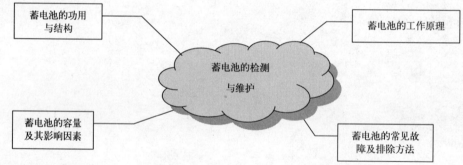

 **任务描述**

学习蓄电池的构造与工作原理、蓄电池的型号与工作特性。完成正确使用与维护蓄电池，正确对蓄电池进行充电，对蓄电池的常见故障进行排除等任务。

第一部分 任务学习引导

一、蓄电池的功用

蓄电池是一种将化学能转变为电能的装置，属于可逆的直流电源。它的功用如下：
① 启动发动机时，向启动机和点火系统供电；
② 发电机不发电或电压较低时向用电设备供电；

③ 发电机超载时，协助供电；

④ 发电机端电压高于蓄电池电压时，将发电机的电能转变为化学能储存起来；

⑤ 大电容器作用，能够吸收发电机和电路中形成的过电压。

二、蓄电池的结构

铅酸蓄电池是在盛有稀硫酸的容器内插入两组极板而构成的电能存储器，由正极板、负极板、隔板、电池盖、电解液、加液孔盖和电池外壳等组成（如图 2-1 所示）。

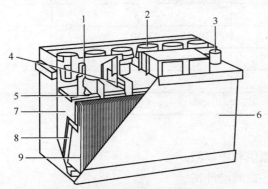

1—负极柱；2—加液孔盖；3—正极柱；4—穿壁连接；5—汇流条；6—电池外壳；
7—负极板；8—隔板；9—正极板

图 2-1 蓄电池的基本结构

容器分为 3 格或 6 格，每格均装有电解液，正负极板浸入电解液中成为单格电池。每个单格电池的标称电压为 2V，因此，3 格串联起来成为 6V 蓄电池，6 格串联起来成为 12V 蓄电池。

1. 极板

（1）构成

极板是电池的基本部件，其作用是接受充入的电能和向外释放电能。

极板由栅架和活性物质组成，分为正极板和负极板。正极板上的活性物质是棕红色的二氧化铅（PbO_2），负极板上的活性物质是青灰色的海绵状纯铅（Pb）。

（2）极板的片数

将正、负极板各一片浸入电解液中，可获得 2V 左右的电动势。为了增大蓄电池的容量，常将多片正、负极板分别并联，组成正、负极板组，如图 2-1 所示。

在每个单格电池中，正极板的片数要比负极板少一片，这样每片正极板都处于两片负极板之间，可以使正极板两侧放电均匀，避免因放电不均匀造成极板拱曲。

2. 隔板

作用：放置在正负极板之间，以避免其相互接触而短路。

要求：应具有多孔性，以便电解液渗透，且化学稳定性要好，具有耐酸和抗氧化性。

3. 电解液

电解液，也称稀硫酸，是蓄电池内部发生化学反应的主要物质，由纯净硫酸和蒸馏水按一定比例配制而成。水的密度为 1 g/cm^3，硫酸的密度为 1.84 g/cm^3，两者以不同的比例混合后形成不同密度的电解液。

电解液的密度对蓄电池的工作有重要影响，密度大，可减少结冰的危险并提高蓄电池的容量；但密度过大，则黏度增加，反而降低蓄电池的容量，缩短使用寿命。汽车用铅蓄电池的电解液密度一般为 $1.24 \sim 1.30\ g/cm^3$，使用中电解液密度应根据地区、气候条件和制造厂家的要求而定。不同温度和气候条件下电解液的相对密度见表 2-1。

表 2-1　　　　　　　　　　　不同温度和气候条件下电解液的相对密度

使用地区最低温度（℃）	充足电的蓄电池在 25℃时的电解液密度（g/cm^3）	
	冬季	夏季
<-40	1.3	1.26
-30~-40	1.28	1.24
-20~-30	1.27	1.24
0~-20	1.26	1.23
>0	1.23	1.23

4. 外壳

作用：用于盛装极板组和电解液。

要求：耐酸、耐热、耐震动冲击。

材料：硬橡胶、聚丙烯塑料两种。

三、蓄电池的工作原理

蓄电池的工作过程是一个化学能与电能相互转化的过程。当蓄电池的化学能转化为电能而向外供电时，称为放电过程；当蓄电池与外界电源相连并将电能转化为化学能储存起来时，称为充电过程（如图 2-2 所示）。

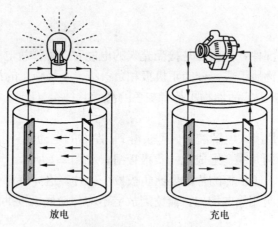

放电　　　　　　　　　充电

图 2-2　蓄电池基本工作原理

1. 电动势的建立

正极板上二氧化铅电离为正四价铅离子和负二价氧离子，铅离子附着在正极板上，氧离子进入电解液中，使正极板具有 2.0V 的正电位；负极板上的纯铅电离为正二价铅离子和两个电子，铅离子进入电解液中，电子留在负极板上，使负极板具有-0.1 的负电位。因此，正、负极板间有 2.1V 的电位差。

2. 放电过程（如图 2-3 所示）

在电位差的作用下，电流从正极流出，经过灯泡流回负极，使灯泡发光。正极板上的正四价铅离子与电子结合生成正二价铅离子，进入电解液再与硫酸根离子结合生成硫酸铅（附着在正极板上）；负极板上的正二价铅离子也同硫酸根离子结合生成硫酸铅（附着在负极板上）。

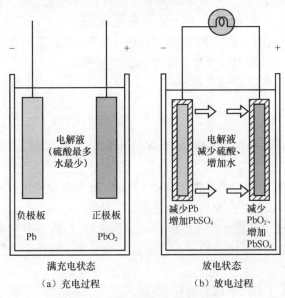

图 2-3 蓄电池充电放电过程

① 放电过程中，正极板上的正四价铅离子得电子成为正二价铅离子，并与硫酸根离子生成硫酸铅附着在正极板上；负极板上的铅失去电子成为正二价铅离子，并与硫酸根离子生成硫酸铅，附着在负极板上。

② 正极板上的正四价铅离子逐渐变成正二价铅离子，其电位逐渐降低；负极板上电子不断流出，其电位逐渐升高，放电过程结束，两极板间的电位差减小为"0"，外接电路中的灯泡"熄灭"。

③ 随着放电过程的进行，电解液中的硫酸根离子不断与正、负极板上的铅离子生成硫酸铅而附着在极板上，使得电解液中的硫酸根离子逐渐减少。同时，由于正极板上负二价氧离子与氢离子生成水，电解液中的水不断增多，结果使得电解液的密度不断下降。

3. 充电过程（如图 2-3 所示）

充电时，外接直流电源的正极接蓄电池的正极板，电源的负极接蓄电池的负极板。当直流电源的电动势高于蓄电池的电动势时，电流将以放电电流相反的方向流过蓄电池。正极板上，正二价铅离子失去 2 个电子而成为正四价铅离子，再与水反应生成二氧化铅，附着在正极板上，电位升高；负极板上，正二价铅离子得到 2 个电子生成一个铅分子而附着在负极板上；从正、负极板上电离出来的硫酸根离子与水中的氢离子结合生成硫酸。

① 充电过程中，正极板上的正二价铅离子失电子成为正四价铅离子，电位上升；负极板上的正二价铅离子得到电子成为铅分子，电位降低。正、负极板间的电位差加大。

② 随着充电过程的进行，极板上的的硫酸根离子不断进入电解液与氢离子生成硫酸，使得电解液中的硫酸根离子逐渐增多，结果使得电解液的密度不断升高。

四、蓄电池的充电

蓄电池的充电方法可分为定流充电、定压充电和脉冲快速充电。

（1）定流充电

充电过程中，使充电电流保持恒定的充电方法，称为定流充电。其特点如下。

① 充电过程中，充电电流恒定，但充电电压是变化的（充电过程中，蓄电池的端电压不断升高，为保证充电电流的恒定，充电电源电压或调节负载应随时变化）。

② 充电电流大小可根据充电类型及蓄电池的容量确定。

③ 不同端电压的蓄电池可以串联充电。

④ 充电时间长。

（2）定压充电

充电过程中，加在蓄电池两端的电压保持不变的充电方法，称为定压充电。其特点如下。

① 充电过程中，充电电压保持不变（充电开始，充电电流很大，随着蓄电池电动势的不断升高，充电电流逐渐减小，直至为零）。

② 充电电压的选择：一般单格电池的充电电压选择 2.5V（若充电电压低，则蓄电池出现充电不足的现象；若充电电压选择过高，则蓄电池充足电后还会继续充电，此时的充电则为过充电）。

（3）脉冲快速充电（亦为分段充电）

脉冲快速充电的特点如下。

① 充电速度快、充电时间短（一次初充电只需 5h）。

② 可以增加蓄电池的容量（充电过程中，化学反应充分，且加深了化学反应的深度，并可使极板去硫化明显。因此，蓄电池的容量增加）。

③ 去硫化效果好。

④ 充电过程中产生大量气泡，对活性物质的冲刷力强，易使活性物质脱落，蓄电池的使用寿命下降。

五、蓄电池的使用与维护

1. 蓄电池的维护

① 保持蓄电池外表面的清洁干燥，及时清除极柱和电缆卡子上的氧化物，并确定蓄电池极柱上的电缆应连接牢固。

清洗蓄电池时，最好从车上拆下蓄电池，用苏打水溶液冲洗整个壳体，然后用清水冲洗蓄电池并用纸巾擦干。对蓄电池托架，可先用腻子刀刮净较厚的腐蚀物，然后用苏打水溶液清洗托架，之后用水冲洗并干燥。托架干燥后，涂上防腐漆。

对极柱和电缆卡子，可先用苏打水溶液清洗，再用专用清洁工具进行清洁（注意：清洗蓄电池前，要拧紧加液孔盖，防止苏打水进入蓄电池内部）。清洗后，在电缆卡子上涂上凡士林或润滑油以防止腐蚀。

② 保持加液孔盖上通气孔的畅通，定期疏通。

③ 定期检查并调整电解液液面高度，液面不足时，应补加蒸馏水。

④ 汽车每行驶 1000km 或夏季行驶 5～6 天、冬季行驶 10～15 天，应用密度计或高率放

电计检查一次蓄电池的放电程度；当冬季放电超过 25%、夏季放电超过 50%时，应及时将蓄电池从车上拆下进行补充充电。

⑤ 根据季节和地区的变化及时调整电解液的密度。冬季可加入适量的密度为 1.40g/cm^3 的电解液，以调高电解液的密度（一般比夏季高 $0.02\sim0.04\text{g/cm}^3$ 为宜）。

⑥ 冬季向蓄电池内补加蒸馏水时，必须在蓄电池充电前进行，以免水和电解液混合不均而结冰。

⑦ 冬季蓄电池应经常保持在充足电的状态，以防电解液密度降低而结冰，引起外壳破裂、极板弯曲和活性物质脱落等故障。

2. 蓄电池技术状况的检查

蓄电池技术状况的检查包括外部检查、电解液液面高度检查、蓄电池端电压的检查、电解液密度的测量及蓄电池放电程度的检查。

① 检查蓄电池封胶有无开裂和损坏，极柱有无破损，壳体有无泄露，否则应修理或者更换。

② 疏通加液孔盖的通气孔。

③ 清洁蓄电池外壳，并用钢丝刷或极柱接头清洗器清洁极柱和电缆卡子上的氧化物，清洁后涂抹一层凡士林或润滑脂。

3. 电解液液面高度的检查

汽车每行驶 1000km 或冬季行驶 $10\sim15$ 天、夏季行驶 $5\sim6$ 天，就应对电解液液面高度进行检查。其检查方法如下。

（1）玻璃试管测量法

用长度为 $150\sim200$mm、内径为 $4\sim6$mm 的玻璃试管，对蓄电池所有单格的液面高度进行测量。将试管插至蓄电池单格内极板的上平面上，用拇指压住玻璃管的上端，使管口密封后提起试管，此时试管中液体的高度即蓄电池电解液液面的高度，其标准高度值应为 $10\sim15$mm。低于 10mm 时，应加注蒸馏水并使其符合标准值。

（2）液面高度示线观察法

透明塑料外壳的蓄电池上均刻有（或印有）两条指示线，即上限线和下限线。标准的电解液高度应介于两条指示线之间，否则应进行调整。当液面高度低于下限线时，应添加蒸馏水，使液面介于上限线与下限线之间；当液面高度高于上限线时，应将高出的部分吸出，并调整好单格中的电解液密度。

（3）图标标记观察法

为了方便对蓄电池的检查，许多新式蓄电池在加液孔盖或蓄电池壳体上，制有各种图标标记和说明，检查时可根据其图示形状或颜色的变化来判断电解液的多少和存电量状况。

4. 蓄电池端电压的测量

（1）单格外露式蓄电池单格电压的测量

单格外露式蓄电池可用 2.5V 高率放电计进行测量，将高率放电计的两个触点紧压在蓄电池单格的正、负极柱上。在 5s 之内观察放电计的电压并记录电压值。各单格电压应为 1.5V 以上，并在 5s 之内保持稳定。如果各单格电压低于 1.5V，但在 5s 之内保持稳定，说明放电过多，应及时进行充电；若单格电压低于 1.5V，并且在 5s 单格电池电压迅速下降到 1.5V 以下，说明蓄电池有故障。

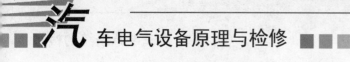

（2）单格链条不外露式蓄电池端电压的测量

对于单格链条不外露的蓄电池只能测量整个蓄电池的端电压，采用专用的大量程高率放电计测量这种蓄电池既方便又准确。这种放电计的正面表盘上设有红、黄、蓝色的条形，分别表明蓄电池的不同放电程度。其中，红色区域表示亏电或有故障；黄色区域表示亏电较少或技术状况较好；绿色区域则表示电充足或技术状况良好。

六、蓄电池的常见故障及排除方法

1. 自行放电

（1）故障现象

由于蓄电池本身的结构原因，会产生一定程度的自放电（充足电的蓄电池放置一段时间后，在无负荷的情况下逐渐失去电量的现象）。如果自放电在一定的范围内，可视为正常现象。一般自放电的允许范围在每昼夜1%，如果每昼夜放电超过2%，就应视为蓄电池出现故障。

（2）故障原因

① 电解液中杂质与极板之间形成电位差，通过电解液产生局部放电。

② 蓄电池表面脏污，造成轻微短路。

③ 极板活性物质脱落，下部沉积物过多使极板短路。

④ 蓄电池长期放置不用，硫酸下沉，从而造成下部密度比上部密度大，极板上下部发生电位差引起自放电。

（3）故障排除

将蓄电池全部放电或过放电，使极板上的杂质进入电解液，然后倒出电解液，清洗几次，最后加入新配制的电解液。

2. 极板硫化

极板上附着有硬化的硫酸铅，正常充电时不能转化成二氧化铅和铅。

（1）故障现象

① 蓄电池电解液的密度下降到低于规定正常值。

② 用高率放电计检测时，蓄电池端电压下降过快。

③ 蓄电池充电时过早地产生气泡，甚至一开始就有气泡。

④ 充电时电解液温度上升过快，易超过45℃。

（2）故障原因

① 蓄电池在放电或半放电状态下长期放置，硫酸铅在昼夜温差作用下，溶解与结晶不能保持平衡，结晶量大于溶解量，结晶的硫酸铅附着在极板上。

② 蓄电池经常过量放电或深度小电流放电，在极板的深层小孔隙内形成硫酸铅，充电时不易恢复。

③ 电解液液面过低，极板上部的活性物质露在空气中被氧化，之后与电解液接触形成硬化的硫酸铅。

④ 电解液不纯或其他原因造成蓄电池的自放电，生成硫酸铅，从而为硫酸铅的再结晶提供物质基础。

（3）故障排除

硫化不严重时可通过去硫化充电方法解决；硫化严重时，应予以报废。

3. 蓄电池容量达不到规定要求

（1）故障现象

① 汽车启动时，启动机转速很快的减慢，转动无力。

② 喇叭的声音弱、无力。

③ 开启前照灯时，灯光暗淡。

（2）故障原因

① 使用蓄电池前未按要求进行初充电。

② 发电机调节器的电压调得太低，使蓄电池经常充电不足。

③ 经常长时间启动启动机，造成大电流放电，致使极板损坏。

④ 电解液的相对密度低于规定值，或在电解液渗漏后，只加注蒸馏水，未及时补充电解液，致使电解液相对密度降低。

⑤ 电解液的相对密度过高或电解液液面过低，造成极板硫化。

（3）故障排除

① 首先检查蓄电池外部，检查外壳是否良好、表面是否清洁、极板上是否有腐蚀物或污物。

② 检查蓄电池搭铁线、极柱的连接夹是否松动，如果有，则为输出电阻过大、电压低。

③ 测量蓄电池的电解液密度。如果电解液密度过低，说明充电不足或新蓄电池未按要求经过充、放电循环，使蓄电池达到规定容量。

④ 检查电解液液面高度。如果液面高度不足，且在极板上有白色结晶物质存在，则可能存在极板硫化故障。

⑤ 蓄电池充电后检查电解液密度，如果出现两个相邻的单格电池中电解液的密度有明显差别，则说明该单格电池内部有短路，不能使用。

⑥ 必要时，检查发电机电压调节器的调节电压。

第二部分　任务实施

在任务实施的过程中，将学习的内容运用其中，做到学以致用。

一、工具准备

万用表、吸管式密度计、蓄电池充电机和常用工具。

二、技术要求与标准

① 所有操作符合安全操作要求。

② 所有操作符合汽车蓄电池维修技术标准。

③ 在操作过程中不允许出现安全事故。

三、要完成的工作

1. 对蓄电池进行补充充电

蓄电池在使用过程中，如果发现启动机运转无力，灯光比平时暗淡，冬季放电超过25%，夏季超过50%，储存不用已近一个月的蓄电池，都必须进行补充充电。另外，由于汽车上使

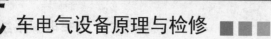

用的蓄电池进行的是定电压充电，不可能使蓄电池充足，为了有效防止硫化，最好每 2~3 个月进行一次补充充电。按如下步骤进行补充充电。

① 从汽车上拆下蓄电池，清除蓄电池上的脏污，疏通加液孔盖上的通气孔，消除极柱和导线接头上的氧化物。

② 检查电解液的密度和液面高度，如果密度不符合规定要求，用蒸馏水或密度为 $1.4g/cm^3$ 的稀硫酸调配。

③ 拧开蓄电池的加液孔，将蓄电池的正极接充电机正极，蓄电池负极接充电机负极。补充充电一般分两个阶段，第一阶段的充电电流约为蓄电池额定容量的 1/10，充至单格电压为 2.3~2.4V；第二阶段的充电电流约为额定容量的 1/20，充至单格电压为 2.5~2.7V，电解液达到规定值，并且在 2~3h 内基本不变，蓄电池内产生大量气泡，电解液呈"沸腾"状态，此时表示蓄电池电已充足，时间大约为 15h。

④ 将加液口盖拧紧，擦干净蓄电池表面，将蓄电池安装到汽车上。

2．用新式 12V 高率放电计对蓄电池进行测试

测试时，用力将放电针插入正、负极柱，保持 15s，若蓄电池能保持在 9.6V 以上，说明该蓄电池性能良好，但存电不足；若稳定在 10.6~11.6V，说明性能良好，且存电足；若电压迅速下降，则说明蓄电池已损坏。

3．蓄电池随车启动测试

如果没有高率放电计，在汽车启动系正常的情况下，可用启动机作为试验负荷，步骤如下。

① 拔下分电器中央高压线。

② 将万用表接于蓄电池正、负极上。

③ 接通启动机历时 15s，读取电压表读数。

④ 对于 12V 蓄电池而言，电压表读数不应低于 9.6V。

 任务评价

一、自我评价

1．你认为如何使蓄电池的使用寿命增加？

2．本任务给你印象最深的是什么？

3．自己对学习本任务的自我评价（包括着装、学习态度、知识以及技能掌握程度、工作页的填写情况等）。

二、小组评价

序号	评价项目	评价情况		
		好	中	差
1	出勤情况			
2	着装情况			
3	课堂秩序			
4	学习是否积极主动			
5	学习任务书填写			
6	工具、仪器的使用情况			
7	工具整理、现场清理的情况			

三、教师评价

教师的总体评价：

任务二　汽车发电机的拆装与检修

学习目标

◇ 掌握发电机的功用与结构。
◇ 掌握发电机的工作原理。
◇ 掌握发电机的整流原理。
◇ 掌握交流发电机与调节器的使用注意事项。
◇ 掌握交流发电机与调节器常见故障的诊断与排除。
建议完成本任务的学时为 18 学时。

内容结构

发电机的功用

发电机使用
注意事项

发电机的结构

汽车发电机的
拆装与检修

发电机的工作原理

常见故障的诊断与排除

发电机的整流原理

任务描述

学习发电机结构、发电原理和整流原理等内容，完成交流发电机拆装、对交流发电机常见故障进行诊断与排除的任务。

第一部分　任务学习引导

一、发电机的功用

发电机是汽车的主要电源，其功用是在发动机正常运转时（怠速以上），向所有用电设备（启动机除外）供电，同时向蓄电池充电。具体电路连接如图 2-4 所示。

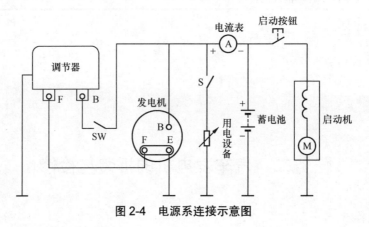

图 2-4　电源系连接示意图

二、交流发电机的结构

汽车用交流发电机由一个三相同步交流发电机和硅二极管整流器所组成。

1. 三相同步交流发电机

组成：转子总成、定子总成、皮带轮、风扇、前端盖、后端盖及电刷总成等，如图 2-5 所示。

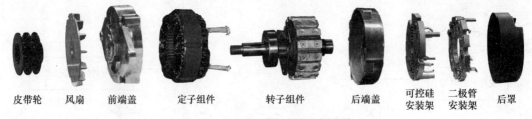

图 2-5　JF132 型交流发电机组件

（1）转子

功用：产生磁场

结构：由转子轴、励磁绕组、爪形磁极和滑环等组成，如图 2-6 所示。

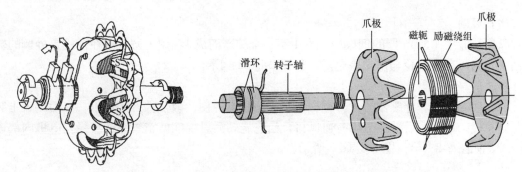

图 2-6 交流发电机的转子

转子轴上压装着两块爪极，爪极被加工成鸟嘴形状，爪极空腔内装有励磁绕组和磁轭。滑环由两个彼此绝缘的铜环组成，压装在转子轴上并与轴绝缘，两个滑环分别与励磁绕组的两端相连。

当给两滑环通入直流电时，励磁绕组中就有电流通过，并产生轴向磁通，使爪极一块被磁化为 N 极，另一块被磁化为 S 极，从而形成六对（或八对）相互交错的磁极。当转子转动时，就形成了旋转的磁场。

（2）定子

作用：产生交流电。

结构：定子安装在转子的外面，和发电机的前后端盖固定在一起，当转子在其内部转动时，引起定子绕组中磁通的变化，定子绕组中就产生交变的感应电动势。

定子由定子铁芯和定子绕组（线圈）组成。定子铁芯由内圈带槽、互相绝缘的硅钢片叠成。定子绕组有 3 组线圈，对称的嵌放在定子铁芯的槽中。三相绕组的连接有星形接法和三角形接法两种，都能产生三相交流电，如图 2-7 所示。

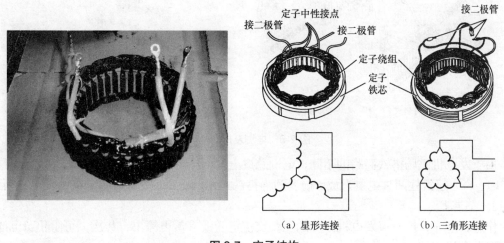

（a）星形连接　（b）三角形连接

图 2-7 定子结构

（3）皮带轮

皮带轮通常由铸铁或铝合金制成，分单槽和双槽两种，利用半圆键装在前端盖外侧的转子轴上，用弹簧垫片和螺母紧固，如图 2-8（b）所示。

21

（4）风扇

风扇一般用 1.5mm 厚的钢板冲压或用铝合金铸造而成，利用半圆键装在前端盖外侧的转子轴上，紧压在皮带轮与前端盖之间，如图 2-8 (a) 所示。

（5）前、后端盖

前、后端盖用非导磁性的材料铝合金制成，具有轻便、散热性好等优点。在后端盖上装有电刷总成。在前、后端盖上均有通风口，当它旋转后风扇能使空气高速流经发电机内部进行冷却，如图 2-8 (c)、图 2-8 (d) 所示。

（a）　　　　　（b）　　　　　（c）　　　　　（d）

图 2-8　发电机风扇、皮带轮、前端盖及后端盖外观图

（6）电刷总成

两只电刷装在电刷架的方孔内，并在其弹簧的压力推动下与转子滑环保持良好的接触。电刷的结构有外装式和内装式两种，如图 2-9 所示。

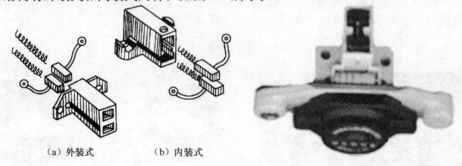

（a）外装式　　　　　（b）内装式

图 2-9　电刷及电刷架

由于发电机磁场搭铁回路的不同，电刷总成上的两个电刷接线柱可分为"B、F"接线柱或"F1、F2"接线柱两种电刷总成。前者为内搭铁式发电机所用，后者为外搭铁发电机所用。

2. 整流器

作用：首先，把交流发电机产生的三相交流电变成直流电输出；其次，可阻止蓄电池的电流向发电机倒流。

（1）正极管

正极管中心引线为正极，外壳为负极，在管壳底部一般标有红色标记。在硅整流发电机中，3 个正极管的外壳压装在元件板的座孔内，共同组成发电机的正极，并绝缘固定在发电机后端盖的内侧或外侧，元件板上的大接线柱（螺栓）就是发电机的火线接柱，一般用符号"B"或"A"或"+"来表示，如图 2-10 及图 2-11 所示。

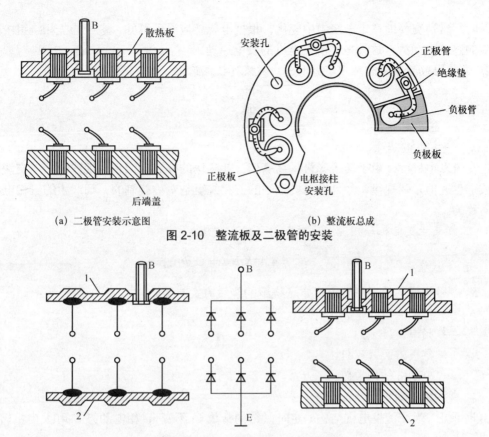

(a) 二极管安装示意图　　　　　　(b) 整流板总成

图 2-10　整流板及二极管的安装

图 2-11　硅二极管的安装示意图

(2) 负极管

负极管中心引线为负极，外壳为正极，在管壳底部一般标有黑色标记。在硅整流发电机中，3 个正极管的外壳压装在后端盖的座孔内，共同组成发电机的负极。一般用符号"E"或"–"来表示，如图 2-11 所示。

三、交流发电机的工作原理

1. 交流电动势的产生

如图 2-12 所示，发电机定子的三相绕组按一定规律分布在发电机的定子槽中，内部有一个转子，转子上安装着爪极和励磁绕组。

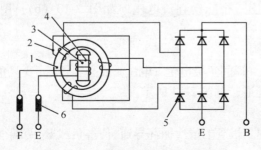

图 2-12　硅整流发电机工作原理图

当外电路通过电刷使励磁绕组通电时，便产生磁场，使爪极被磁化为 N 极和 S 极。当转

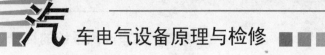

子旋转时，磁通交替地在定子绕组中变化，根据电磁感应原理可知，定子的三相绕组中便产生交变的感应电动势。这就是交流发电机的发电原理。

2. 交流电动势的变化频率 f 和转速、磁极对数成正比

$$f = \frac{pn}{60}(\text{Hz})$$

式中，p_p——磁极对数；

n_n——发电机转速，(r/min)。

在交流发电机中，由于转子磁极呈鸟嘴形，其磁场的分布近似正弦规律，所以交流电动势的波形也近似正弦规律，如果发电机定子的三相绕组是对称绕制的，则产生的三相电动势也是对称的。

3. 三相交流发电机每相绕组感应电动势的有效值

$$E_\Phi = 4.44KfN\Phi = C_e\Phi n$$

式中，K —— 绕组系数（和发电机定子绕组的绕线方式有关）；

N —— 每相绕组的匝数，（匝）；

f —— 频率，（Hz）；

Φ —— 每极磁通（Wb）；

C_e —— 电动机结构常数；

E_Φ —— 相电动势。

由此可见，当交流发电机结构一定时（结构常数 C_e 不变），相电动势 E_Φ 和发电机转速、磁通成正比。

4. 交流电动势的波形

交流电动势的幅值是发电机转速的函数。因此，当转速 n 变化时，三相电动势的波形为变频率、变幅值的交流波形。

四、交流发电机的整流原理

发电机定子绕组中感应产生的是交流电，是靠 6 只二极管组成的三相桥式整流电路变为直流电的，如图 2-13（a）所示。

1. 整流原理

二极管具有单项导电性，当给二极管加上正向电压时，二极管导通，当给二极管加上反向电压时，二极管截止。将定子的三相绕组和 6 只整流二极管按电路连接，发电机的输出端 B、E 上就输出一个脉动直流电压，如图 2-13（b）、图 2-13（c）所示，这就是发电机的整流原理。

2. 二极管的导通原则

3 只正极管中，在某一瞬间正极电位（电压）最高者导通；3 只负极管中，在某一瞬间正极电位（电压）最低者导通，如图 2-14 所示。

3. 发电机的整流过程

三相桥式整流电路中二极管的依次循环导通，使得负载 R_L 两端得到一个比较平稳的脉动直流电压。

对于 3 个正极管子（VD$_1$、VD$_3$、VD$_5$ 正极和定子绕组始端相连），在某瞬时，电压最高

一相的正极管导通。

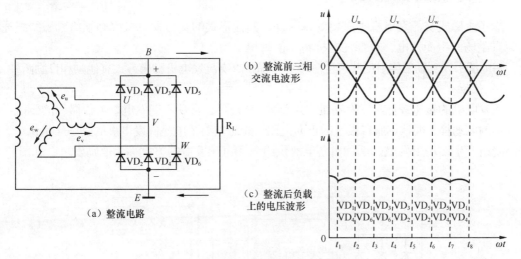

图 2-13　三相桥式整流电路及电压波形

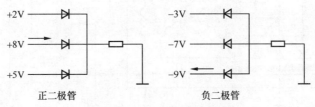

图 2-14　二极管的导通原则

对于 3 个负极管子（VD_2、VD_4、VD_6 负极和定子绕组始端相连），在某瞬时，电压最低一相的负极管导通。但同时导通的管子总是两个，正、负管子各一个。

4. 中性点电压

在定子绕组为星形连接时，三相绕组的公共结点称为中性点。从三相绕组的中性点引一根导线到发电机外，标记为"N"。"N"点电压称为中性点电压。

中性点电压的瞬时值是一个三次谐波电压，如图 2-15 所示。平均值为发电机输出电压（平均值）的一半。

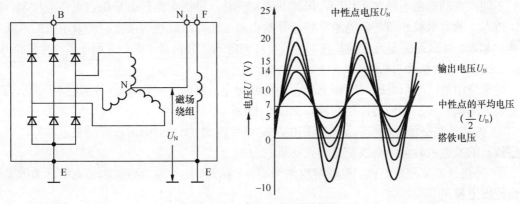

图 2-15　中性点电压的波形

五、发电机的励磁方式

除了永磁式交流发电机不需要励磁以外，其他形式的交流发电机都必须给励磁绕组通电才会有磁场产生而发电，否则发电机将不能发电。

将电流引入到励磁绕组使其产生磁场称为励磁。交流发电机励磁方式有他励和自励两种。

1. 他励

在发电机的转速较低时（发动机未达到怠速转速），自身不能发电，单靠微弱的剩磁产生的很小的电动势，很难克服二极管的正向电阻，此时需要蓄电池向发电机的励磁绕组供电，使励磁绕组产生磁场来发电。这种由蓄电池供给磁场电流发电的方式称为他励发电，如图 2-16 所示。

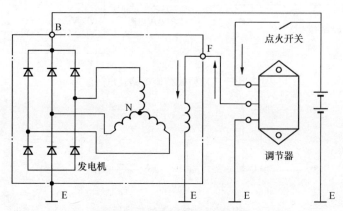

图 2-16 发电机他励电路连接

2. 自励

随着发动机转速的提高（一般在发动机达到怠速时），发电机定子绕组的电动势逐渐升高并能使整流器二极管导通，当发电机的输出电压 U_B 大于蓄电池的电压时，发电机就能对外供电了。当发电机能对外供电时，就可以把自身发的电供给励磁绕组，这种自身供给磁场电流发电的方式称为自励发电。

交流发电机励磁过程是先他励后自励。当发动机达到正常怠速转速时，发电机的输出电压一般高出蓄电池电压 1~2V 以便对蓄电池充电，此时，由发电机自励发电。

不同汽车的励磁电路各不相同，但其共同特点是，励磁电路都必须由点火开关控制。因此，汽车上的发电机必须与蓄电池并联，开始由蓄电池向励磁绕组供电，使发电机的电压很快建立起来，并迅速转变为自励状态，蓄电池被充电的机会也多一些，有利于蓄电池的使用。

3. 交流发电机励磁电路

励磁绕组通过两只电刷（F 和 E）和外电路相连，根据电刷和外电路的连接形式不同，发电机分为内搭铁型和外搭铁型两种，如图 2-17 所示。

① 内搭铁型交流发电机：励磁绕组的一端经负电刷（E）引出后和后端盖直接相连（直接搭铁）的发电机称为内搭铁型交流发电机。

② 外搭铁型交流发电机：励磁绕组的两端（F 和 E）均和端盖绝缘的发电机称为外搭铁型交流发电机。

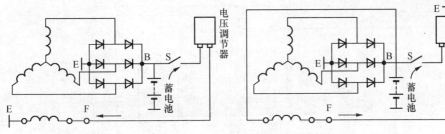

图 2-17　内、外搭铁型交流发电机励磁电路

六、交流发电机的分类

汽车用发电机可分为直流发电机和交流发电机，由于交流发电机在许多方面都优于直流发电机，所以直流发电机已被淘汰，目前所有汽车均采用交流发电机，交流发电机按照不同的分类方法可有以下几类。

1. 按总体结构分

① 普通交流发电机，这种发电机既无特殊装置，也无特殊功能特点，使用时需要配装电压调节器，如图 2-18（a）所示。

② 整体式交流发电机，发电机和调节器制成一个整体的发电机，如图 2-18（b）所示。

③ 带泵的交流发电机，发电机和汽车制动系统用真空助力泵安装在一起的发电机，如图 2-18（c）所示。

(a) 普通交流发电机　　(b) 整体式交流发电机　　(c) 带泵的交流发电机

图 2-18　交流发电机分类

④ 无刷交流发电机，不需要电刷的发电机。

⑤ 永磁交流发电机，转子磁极为永磁铁制成的发电机。

2. 按整流器结构分

① 六管交流发电机，如图 2-19 所示。

② 八管交流发电机，如图 2-20 所示。

八管交流发电机（如夏利车用）和六管交流发电机的基本机构是相同的，所不同的是整流器有 8 只硅整流二极管。其中 6 只组成三相全波桥式整流电路，另外 2 只是中性点二极管，1 只正极管接在中性点和正极之间，1 只负极管接在中性点和负极之间，对中性点电压进行全波整流。

试验表明：加装中性点二极管的交流发电机在结构不变的情况下，可以将发电机的功率提高 10%～15%。

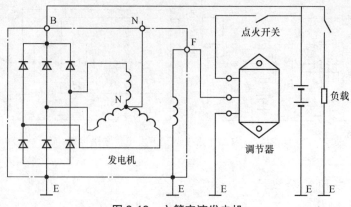

图 2-19　六管交流发电机

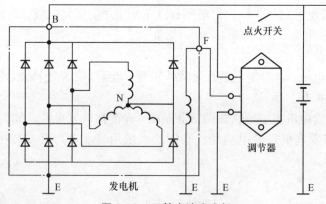

图 2-20　八管交流发电机

③ 九管交流发电机，如图 2-21 所示。

九管交流发电机的基本结构和六管交流发电机相同，所不同的是整流器。九管交流发电机的整流器是由 6 只大功率整流二极管和 3 只小功率励磁二极管组成的。其中 6 只大功率整流二极管组成三相全波桥式整流电路，对外负载供电，3 只小功率二极管与 3 只大功率负极管也组成三相全波桥式整流电路，专门为发电机磁场供电，所以称 3 只小功率管为励磁二极管。

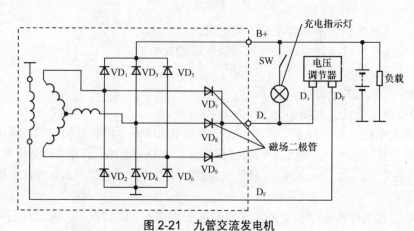

图 2-21　九管交流发电机

④ 十一管交流发电机，如图 2-22 所示。

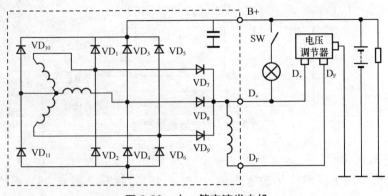

图 2-22　十一管交流发电机

十一管交流发电机的整流器，相当于九管交流发电机的整流器加两只中性点整流管。由于十一管交流发电机既能提高功率又使充电指示灯电路简化，因此应用较广。

3．按励磁绕组搭铁型式分

（1）内搭铁型交流发电机

内搭铁型交流发电机，磁场绕组的一端（负极）直接搭铁（和壳体相连），如图 2-23（a）所示。

（2）外搭铁型交流发电机

外搭铁型交流发电机，磁场绕组的一端（负极）接入调节器，通过调节器后再搭铁，如图 2-23（b）所示。

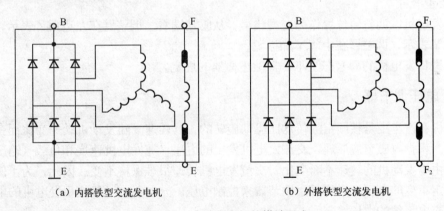

（a）内搭铁型交流发电机　　　　　　　　（b）外搭铁型交流发电机

图 2-23　交流发电机的搭铁形式

七、交流发电机的型号

根据中华人民共和国汽车行业标准 QC/T 73—1993《汽车电气设备产品型号编制方法》的规定，汽车交流发电机型号由产品代号、电压等级代号、电流等级代号、设计序号、变型代号 5 部分组成，如图 2-24 所示。

1．产品代号

产品代号用英文字母表示，例如：JF——普通交流发电机；JFZ——整体式（调节器内置）交流发电机；JFB——带泵的交流发电机；JFW——无刷交流发电机。

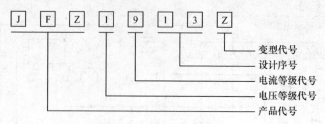

图 2-24　交流发电机型号

2. 电压等级代号

电压等级代号用 1 位阿拉伯数字表示，1 表示 12V 系统；2 表示 24V 系统；6 表示 6V 系统。

3. 电流等级代号

电流等级代号也用 1 位阿拉伯数字表示，其含义如表 2-2 所示。

表 2-2　电流等级代号

代号	1	2	3	4	5	6	7	8	9
电流等级 (A)	19	≥20～29	≥30～39	≥40～49	≥50～59	≥60～69	≥70～79	≥80～89	≥90

4. 设计序号

设计序号用 1～2 位阿拉伯数字表示，表示产品设计的先后顺序。

5. 变型代号

交流发电机以调整臂位置作为变型代号，从驱动端看，调整臂在左边用 Z 表示，调整臂在右端用 Y 表示，调整臂在中间不加标记。

注：进口发电机的型号标注不符合上述标准的规定。

八、电压调节器

发电机在汽车上是按固定的传动比驱动旋转的，其转速 n 随发动机转速变化而在很大范围内变化。根据电磁感应原理，交流发电机发出的电压，随发电机速度和负载（输出电流）而变化。由于发动机的转速不断变化，交流发电机转速很难保持不变。因此，为了使发电机能提供固定不变的电压，必须采用调节器来控制电压。充电系统一般使用发电机的电压调节器来保持充电系统的电压稳定。

1. 电压调节器的功用

电压调节器是把发电机的输出电压控制在规定范围内的调节装置，其功用是在发电机转速和发电机的负载发生变化时自动控制发电机电压，使其保持恒定，防止因发电机的电压过高而烧坏用电设备和导致蓄电池过量充电，同时也防止因发电机的电压过低而导致用电设备工作失常和蓄电池充电不足。

2. 电压调节器的基本原理

根据电磁感应原理，发电机的感应电动势为 $E_\Phi = C_1 n \Phi$，即感应电动势 E_Φ 与发电机转速 n 和磁通 Φ 成正比；发电机的空载电压 $U = E_\Phi = C_1 n \Phi$，发电机在汽车上是按固定的传动比驱动旋转的，其转速 n 随发动机转速变化而在很大范围内变化。如果要在转速 n 变化时维持发电机电压恒定，就必须相应的改变磁极磁通 Φ。因为磁极磁通 Φ 取决于磁场电流的大小，所以在发电机转速变化时，只要自动调节磁场电流，就能使发电机电压保持恒定。电压调节器就是利用自动调节磁场电流使磁极磁通改变这一原理来调节发电机电压的。

在一个电路中调节电流的方法大致有 3 种。一是通过更改电路中的电压，二是更改电路中的电阻值，三是控制电路的通与断。电压调节器采用的是后两种方法。电磁振动式电压调节器调节磁场电流的方法是通过触点开闭，使磁场电路的电阻改变来调节磁场电流；电子式电压调节器调节磁场电流的方法是利用功率管的开关特性，使磁场电流接通与切断来调节磁场电流。

电压调节器除了要具有调节磁场电流的功能外，还必须要有感知发电机电压变化的装置，也就是说先要感知发电机电压的变化，根据这个变化再决定怎么调节磁场电流。在电磁振动式电压调节器中，感知发电机电压变化的元件是线圈。在电子式电压调节器中感知发电机电压变化的元件是稳压管。

3. 触点式电压调节器

触点式电压调节器的基本原理图如图 2-25 所示。

如图 2-25 所示，当发电机的电压较低时，线圈电流小，铁芯吸力小，克服不了拉簧拉力，触点闭合，励磁电流通过触点，电流较大时，使电压上升。当发电机电压升高到一定值时，线圈电流增大，铁芯吸力增大，克服了拉簧拉力，使触点打开，励磁电流通过电阻，电流减小，磁场减弱，电压降低。发电机电压下降后，电磁铁吸力减弱，触点又在拉簧的作用下闭合，励磁电流又增大，使电压上升，如此反复，使发电机的电压维持在一个稳定值。由于电磁振动式电压调节器的性能较差，可靠性不高，目前已基本淘汰。

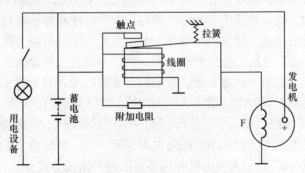

图 2-25 触点式电压调节器的基本原理

4. 晶体管电压调节器

(1) 触点式电压调节器的缺点

触点式电压调节器在触点开闭过程中存在着机械惯性和电磁惯性，触点的振动频率较低，当发电机高速满载运转突然失去负载时，有可能因触点动作迟缓而导致发电机产生过电压，损坏晶体管。此外，触点分开时，磁场电流的迅速下降使触点间产生火花，使触点氧化、烧蚀，缩短使用寿命，还会造成无线电干扰。这种调节器的结构复杂，体积和质量大，维修、保养、调整不便。

(2) 晶体管电压调节器的优点

晶体管调节器，也称电子调节器，以稳压管作为电压感受元件，控制晶体管的通断来调节励磁电流，使发电机的电压保持稳定。这种调节器没有触点，使用过程中无须保养和维护，结构简单、体积小、质量轻，目前已经逐步取代触点式电压调节器。

（3）电子调节器的基本工作原理

电子调节器原理如图 2-26 所示。

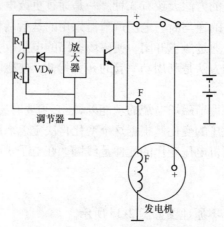

图 2-26 电子调节器基本原理图

调节器的"+"接线柱接点火开关，"F"接线柱接发电机励磁绕组，"+"和"F"之间为晶体管的集电极与发射极之间形成的开关电路，"+"与"−"之间有两个电阻 R_1、R_2 组成的分压器，其 O 点电压正比于发电机电压，O 点与放大器之间接有稳压管 VD_w，用来感受电压，其工作过程如下。

在发电机电压较低的情况下，分压器中间 O 点电压也较低，此时稳压管处于截止状态。此状态经放大器放大，给晶体管的基极一个高电位信号，使晶体管导通，励磁电流可以通过晶体管流入发电机励磁绕组，使发电机电压上升。当电压上升到调节器电压调整值时，O 点电压升高至稳压管的击穿电压，稳压管被击穿。此信号经放大器放大后给晶体管一个低电位信号，使晶体管截止，切断了励磁电流，发电机无励磁电流，电压便下降，这样又使三极管导通。如此反复，使发电机的电压稳定在一调定值。从上述调节器的结构和工作情况看，电子调节器共有 3 个接线柱，即："+"、"F"和"−"，在接线时不能接错。值得注意的是电子调节器的接线方式根据发电机和调节器的形式而有所不同，虽然调节器的接头标注都一样，但接法完全不同。图 2-27 所示为发电机和调节器的两种接线方式。

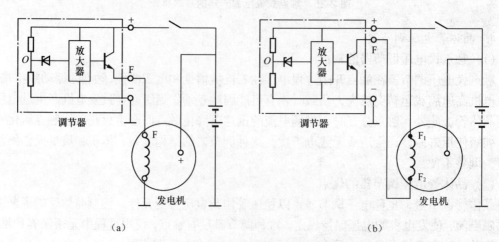

（a）   （b）

图 2-27 发电机和调节器的两种接线方式

图 2-27（a）所示为磁场线圈内搭铁型，调节器装在发电机与点火开关之间，发电机励磁绕组有一端搭铁。图 2-27（b）所示为外搭铁型，调节器装在发电机励磁绕组与搭铁之间，发电机励磁绕组无搭铁端，调节器控制励磁绕组搭铁。这两种形式的发电机与调节器不能互换，否则将会造成发电机的电压失调或不发电。

5. 集成电路（IC）电压调节器

集成电路电压调节器是利用集成电路（IC）组成的调节器。IC 调节器主要由混合集成电路、散热片和连接器组成。使用混合集成电路可以获得较小的尺寸。集成电路调节器具有以下特点。

① 体积小、质量轻，因此可以直接装在发电机内部或壳体上成为整体式交流发电机的一个零件，这样可以省去调节器和发电机之间的导线，减小了线路损失，减少了线路故障，使调节器的精度可达±0.3V，工作更为可靠。

② 耐高温性能好，可在 130℃的高温下正常工作。

③ 更加耐振，使用寿命长。

目前轿车上已大量采用集成电路调节器。

（1）集成电路调节器电压检测方法

根据集成电路电压调节器分压电路检测的是发电机电压还是蓄电池电压，集成电路电压调节器检测方法分为发电机电压检测法和蓄电池电压检测法。

① 发电机电压检测法

这一类型的 IC 调节器通过检测发电机的内部电压来把输出电压调节到规定的值。发电机电压检测法的线路如图 2-28 所示。加在分压器 R_1、R_2 上的电压是磁场二极管输出端 L 的电压 U_L，而硅整流发电机输出端 B 的电压为 U_B，因为 $U_L=U_B$，因此，调节器检测点 P 的电压加在稳压二极管 VD_1 两端的反向电压 U_P 与发电机的电压 U_B 成正比，所以该线路称为发电机电压检测线路。

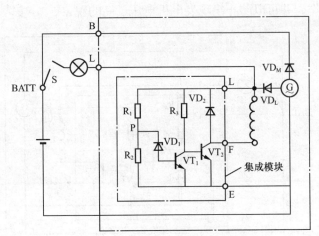

图 2-28　发电机电压检测法的线路

② 蓄电池电压检测法

这一类型的 IC 调节器通过端子 S（蓄电池检测端子）来检测蓄电池的电压，并把输出电压调节到规定的值。蓄电池电压检测法的线路如图 2-29 所示。加在分压器 R_1、R_2 上的电压为蓄电池的端电压，由于通过检测点 P 加在稳压二极管 VZ_1 上的反向电压与蓄电池的端电压成正比，所以该线路称为蓄电池电压检测法线路。

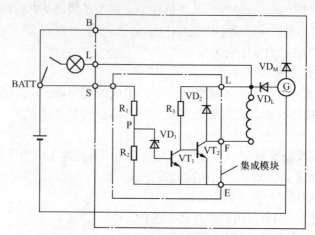

图 2-29 蓄电池电压检测法的线路

在上述两种基本电路中，如果采用发电机电压检测法线路，发电机的引出线可以少一根。不足之处在于，当图 2-28 中点 B 到蓄电池正极之间的电压下降较大时，蓄电池的充电电压将会偏低，使蓄电池充电不足。因此，一般大功率发电机要采用蓄电池电压检测法的调节器。

在采用图 2-29 所示的蓄电池电压检测法线路时，当点 B 与蓄电池之间或点 S 与蓄电池正极之间断路时，由于不能检测出发电机的端电压，发电机的电压将会失控。为了克服这一点，线路上应采取一定的措施。

图 2-30 所示为具有保护作用的蓄电池电压检测法原理电路。在这个电路中，在调节器的分压器与发电机点 B 之间增加了 1 个电阻 R_4 和 1 个二极管 VD_2，这样，当点 B 与蓄电池正极之间或点 S 与蓄电池正极之间出现断路时，由于 R_4 的存在，仍能检测发电机的端电压 U_B，使调节器能正常工作，并可以防止出现发电机电压过高的现象。

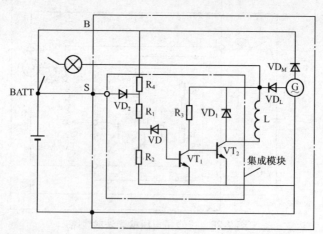

图 2-30 具有保护作用的蓄电池电压检测法原理电路

（2）集成电路电压调节器实例

天津夏利轿车的发电机内装集成电路式电压调节器及充电系统电路，如图 2-31 所示。该发电机调节器是由一块集成电路和晶体管等元件组成的混合集成电路调节器，装于发电机内部，构成整体式交流发电机，调节器为内装式外搭铁型。

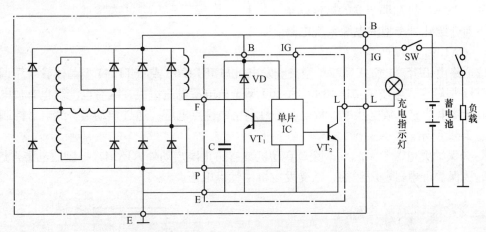

图 2-31　夏利轿车的调节器电路连接图

该调节器有 6 个接线端子：F、P、E 三个端子用螺钉直接和发电机连接，B 端用螺母固定在发电机的输出端子"B"上，IG、L 两个端子用金属线引到调节器的外部接线插座上。

① 磁场电流控制：VT_1 是大功率晶体管，由集成片 IC 控制 VT_1 的导通和截止，从而控制磁场电路通断，使发电机的电压得到控制。

② 充电指示灯：充电指示灯串接在 VT_2 集电极上，VT_2 导通充电指示灯亮，VT_2 截止充电指示灯熄灭。在集成电路（IC）片中有控制 VT_2 导通和截止的电路，控制信号由点 P 提供。点 P 提供的是发电机单相电压的交流信号，其信号幅值大小可反映发电机输出电压高低。

当发电机输出电压低于蓄电池电压时，IC 中的控制电路使 VT_1 导通，充电指示灯亮；当发电机输出电压高于蓄电池电压时，IC 中的控制电路使 VT_1 截止，充电指示熄灭。

九、典型电源系统电路

汽车电源系统电路包括蓄电池、交流发电机、调节器、电流表、放电警告灯继电器及放电警告灯等。

现代汽车大部分都用放电警告灯来表示电源系统的工作情况，但也有用电流表指示蓄电池充、放电的。控制放电警告灯的方法常用有 3 种：第一种，利用交流发电机中性点电压，通过继电器或电子控制器进行控制；第二种，利用交流发电机输出端电压，通过电子控制器进行控制；第三种，利用九管交流发电机进行控制。

用来自动接通和断开蓄电池放电警告灯电路的继电器，称为放电指示继电器。由于放电指示继电器一般都与电压调节器制作在一起，因此称为带放电指示继电器的调节器。

带有集成电路调节器的整体式交流发电机与外部（蓄电池、线束）连接端子通常用"B+"（或"+B"、"BATT"）、"IG"、"L"、"S"（或"R"）和"E"（或"−"）等符号表示，这些符号通常在发电机端盖上标出，其代表的含义如下。

"B+"（或"+B"、"BATT"）为发电机输出端子，用一根粗导线连接至蓄电池的正极或启动机上。

"IG"通过线束连接至点火开关，有的发电机上无此端子。

"L"为放电警告灯连接端子，通过线束接放电警告灯或放电指示继电器。

"S"（或"R"）为调节器的电压检测端子，通过导线直接连接蓄电池的正极。

"E"为发电机和调节器的搭铁端子。

下面介绍几种车型的电源系统电路

1. CA1091 电源电路

该电路由 JF152D 或 JF1522A 型交流发电机与 JFT106（或 JFT124）型晶体管电压调节器或 FT111 型触点式电压调节器和 6-QA-100 型干荷电蓄电池组成，既有电流表也有放电警告灯来显示蓄电池充、放电状况，放电警告灯利用中性点电压，通过启动组合继电器控制。电路如图 2-32 所示。

K_2 为保护继电器常闭触点，除对启动机具有防止误启动外，还用来控制放电警告灯亮、灭；L_2 为保护继电器电压线圈，承受发电机中性点电压。

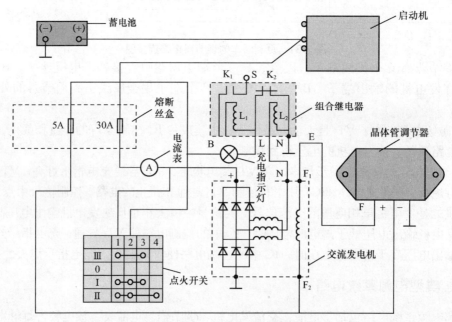

图 2-32　CA1091 电源电路

放电警告灯及发电机磁场绕组电路为：蓄电池"+"极→启动机"电源"接线柱→30A 保险→电流表→点火开关→放电警告灯→组合继电器"L"接线柱→常闭触点 K_2 →搭铁→蓄电池"－"极。

发电机磁场绕组电路为：蓄电池"+"极→启动机"电源"接线柱→30A 保险→电流表→点火开关→5A 保险→发电机"F_2"接线柱→磁场绕组→发电机"F_1"接线柱→调节器"F"接线柱→搭铁→蓄电池"－"极（F_1 与 F_2 两接线柱上的导线可以互换）。

2. 桑塔纳 2000 电源系统电路

充电系统线路及其连接关系，桑塔纳及桑塔纳 2000 系列轿车的电源系统电路如图 2-33 所示。

整体式交流发电机的 3 只正极管与 3 只负极管组成一个三相桥式全波整流电路，称为输出电流整流电路。其输出端"B+"用红色导线与启动机"30"端子连接（1996 年后，部分轿车输出端"B＋"用红色导线经 80A 易熔线与蓄电池的正极柱连接，易熔线支架固定在蓄电池附近的发动机防火墙上）。3 只磁场二极管与 3 只负极管也组成一个三相桥式全波整流电路，称为磁场电流整流电路。其输出端"D＋"用蓝色导线经蓄电池旁边的单端子连接器 T_1 后与中央线路板 D 插座的 D_4 端子连接，再经中央线路板内部线路与 A 插座的 A_{16} 端子相连。点火开关"30"端子用红色导线经中央线路板上的单端子插座 P 与蓄电池正极连接，点火开关"15"端子用黑色导线与仪表盘左下方 14 端子黑色插座的 14 端子连接（图中未画出，可参见原版电路图），经仪表盘印刷电路上的电阻 R_1、R_2 和放电警告灯（R_2 和放电警告灯串联后再与 R_1 并联）和二极管接回到 14 端子黑色插座 12 端子，再用蓝色导线与中央线路板 A 插座的 A_{16} 端子连接。

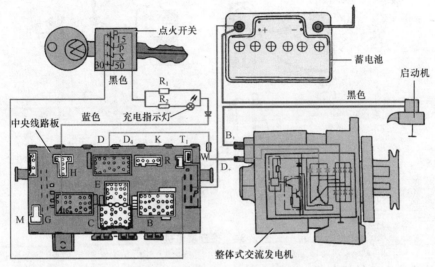

图 2-33　桑塔纳 2000 电源系统电路

由桑塔纳轿车原版线路图和充电系统电路图可见，放电警告灯及发电机磁场绕组线路为：蓄电池正极端子→中央线路板单端子插座 P 端子→中央线路板内部线路→中央线路板单端子插座 P 端子→点火开关"30"端子→点火开关→点火开关"15"端子→组合仪表盘下方 14 端子连接器的"14"端子→电阻 R_2 和放电警告灯（发光二极管）→二极管→中央线路板 A_{16} 端子→中央线路板内部线路→中央线路板 D_4 端子→单端子连接器 T_1（蓄电池旁边）→交流发电机"D_+"端子→发电机的磁场绕组→电子调节器功率管→搭铁→蓄电池负极端子。

十、交流发电机的拆装与维护

交流发电机的维护可从 5 方面完成，即拆卸、分解、检查、组装和安装。

1. 拆卸

① 脱开蓄电池负极（−）端子电缆。

② 脱开发电机电缆和连接器。

③ 拆卸发电机。

a. 传动皮带；b. 支架；c. 发电机。

2. 分解

① 拆卸发电机皮带轮。

② 拆卸发电机电刷座总成。

a. 发电机端子绝缘体；b. 电刷座；c. 后端盖。

③ 拆卸发电机调节器总成。

④ 拆卸整流器。

⑤ 拆卸发电机转子总成。

a. 驱动端盖；b. 转子；c. 整流器端盖。

3. 检查（如图 2-34 所示）

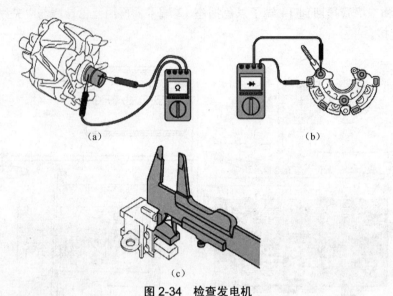

（a）　　　　　　　　　　　　　（b）

（c）

图 2-34　检查发电机

（1）检查发电机转子总成

目视检查，如图 2-35 所示。

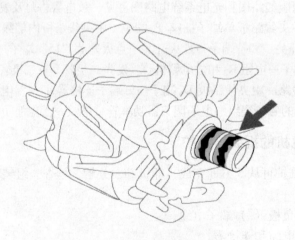

图 2-35　检查发电机转子总成

① 检查滑环变脏或烧蚀的程度。

提示：

● 旋转时滑环和电刷接触，使电流产生；

● 电流产生的火花会产生脏污和烧蚀；

● 脏污和烧蚀会影响电流，使发电机的性能降低。

② 用布料和毛刷，清洁滑环和转子。如果脏污和烧蚀明显，则应更换转子总成。

③ 使用万用表，检查滑环之间是否导通，如图 2-36 所示。

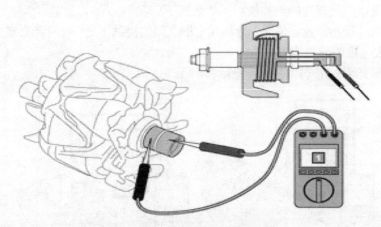

图 2-36　检查滑环之间是否导通

提示如下。

● 转子是一个旋转的电磁体，内部有一个线圈，线圈的两端都连接到滑环上。

● 检查滑环之间是否导通可以用于探测线圈内部是否开路。

● 如果发现在绝缘或者导通方面存在问题，可更换转子。

④ 用万用表，检查滑环和转子之间的绝缘，如图 2-37 所示。

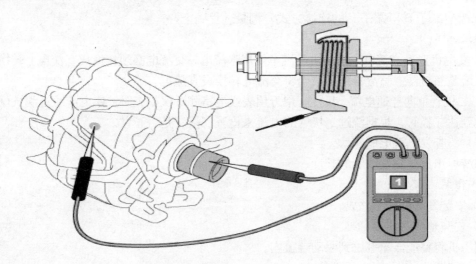

图 2-37　检查滑环和转子之间的绝缘

提示如下。

● 在滑环和转子之间存在一个切断电流的绝缘状态。

● 如果转子线圈短路，电流会在线圈和转子之间流动。

● 检查滑环和转子之间的绝缘可以用来检测线圈内是否存在短路。

● 如果发现在绝缘或者导通方面存在问题，可更换转子。

⑤ 用游标卡尺测量滑环的外径。

提示如下。

● 如果测量值超过规定的磨损极限，更换转子。

● 当滑环的外径小于规定值时，滑环和电刷之间的接触不足，有可能影响电流环流的平稳，可能降低发电机的发电能力。

（2）检查整流器总成（如图 2-38 所示）

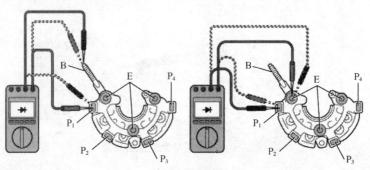

图 2-38　检查整流器总成

检查整流器的二极管如下。

● 使用万用表的二极管测试模式。

● 在整流器的端子 B 和端子 P_1 到 P_4 之间测量，交换测试导线时，检查是否只能单向导通。

● 改变端子 B 至端子 E 的连接方式，测量过程同上。

提示如下。

● 发电机产生交流电，但是由于汽车使用直流电，交流电必须转换成直流电。转换电流的装置就是整流器。整流器用二极管将交流电转换成直流电。

● 二极管单向导通电流。因此，用万用表或电路测试仪检查时，使电流通过测试仪的内部电池到达二极管，根据流过二极管的电流来检查二极管是否正常。

（3）检查发电机电刷座

用游标卡尺，测量电刷的长度。

4．组装

① 安装发电机转子总成。

② 安装整流器端盖。

用压机将整流器端盖压到驱动端盖内。

③ 安装发电机电刷座总成

a．安装发电机电刷座。尽可能使用最小的平头螺钉旋具，将电刷压入电刷座，将电刷座安装到端机座内。

b．目视检查。拉出螺钉旋具，目视检查电刷是否碰撞到滑环。

④ 安装发电机皮带轮

5．安装

① 安装发电机（如图 2-39 所示）。

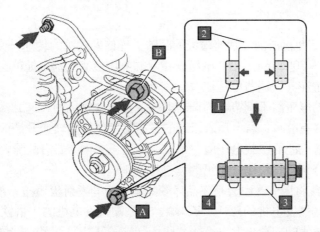

图 2-39 安装发电机

滑动轴套直到表面和托架平齐（管接头一端）。

提示如下。

用锤子和铜棒将发电机安装部分的轴套向外滑动，以便安装发电机。

- 初步安装发电机，使它通过贯穿安装螺栓（A）。
- 初步安装螺栓（B）。
- 安装传动带。
- 通过锤子的手柄等物移动发电机来调整传动带的张紧度。
- 拧紧安装螺栓（A）和螺栓（B）以牢固地安装发电机。

② 连接发电机电缆和连接器。

③ 连接蓄电池负极。

十一、电源系统故障诊断的基本方法

1. 放电警告灯诊断

在装备有放电警告灯的汽车上，可利用放电警告灯来诊断充电系统有无故障，方法如下。

① 首先预热发动机，启动发动机后，使其怠速或将发电机转速控制在 1200r/min 左右运转 10min，然后断开点火开关，使发动机停止运转。

② 再接通点火开关（将点火开关转到"ON"位，并不启动发动机），观察放电警告灯是否发亮。此时放电警告灯应当发亮，如果不亮，说明放电警告灯线路或充电指示控制器有故障。

③ 再次启动发动机，并逐渐升高发动机转速（即逐渐加大油门），当发动机转速升高到 600～800r/min（即发电机转速升高到 1200～2000r/min）时，放电警告灯自动熄灭，说明放电警告灯线路正常，发电机能够发电。此时调节器工作是否正常，还需用电压表或万用表进行检测诊断。

2. 用电压表诊断

① 将直流电压表（万用表拨到直流电压 DC 挡）的正极接发电机"输出"端子（"B"），负极搭铁。

② 记下此时电压表指示的电压值，该电压即为蓄电池的空载电压，正常值为 12.0～

12.6V。

③ 启动发动机，并逐渐加大加速踏板的踩踏力度使发动机的转速升高，当发动机的转速高于怠速转速（600～800 r/min）后，电压表指示的电压应高于蓄电池的空载电压，并随发电机的转速升高而稳定在某一调节电压值。

若电压表指示的电压高于调节器的调节电压，且随发电机的转速升高而升高，则说明发电机能发电，调节器有故障；若电压表指示的电压随发电机的转速升高而保持蓄电池的空载电压值不变或低于蓄电池的空载电压值，则说明发电机或调节器有故障，此时可将发电机和调节器从车上拆下分别进行检测，也可继续进行以下检测。

a．另取一根导线将调节器中大功率晶体管的集电极与发射极短接。方法是：对外搭铁型调节器，导线的一端接发电机的磁场"F"端，另一端接发电机的"搭铁"端子（"E"）；对内搭铁型调节器，导线的一端接发电机的"磁场"端子（"F"），另一端接发电机的"输出"端子（"B"），这样便可将发电机磁场绕组的电路直接接通。

b．启动发动机，并将其转速升到比怠速稍高后，观察电压表指示的电压，若仍等于或低于蓄电池的空载电压，则说明发电机有故障（发电机不发电）；若此时电压表指示的电压随发电机的转速升高而升高，则说明发电机能发电，故障出在调节器。

3．空载与负载性能的诊断

由于各型汽车充电系统的性能参数不尽相同，因此本任务仅以天津夏利 TJ7100、TJ7100U 型轿车充电系统为例，说明空载与负载性能的诊断方法。

（1）空载性能诊断

① 将电压表的正负极分别与蓄电池的正负极相连，将钳形直流电流表的检测夹夹到发电机"输出"端子（"B"）上的引出导线上，如图 2-40 所示。

② 启动发动机，并将其转速升高到 2000 r/min，此时

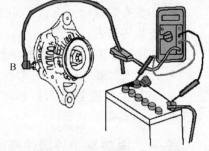

图 2-40　检测充电系统性能

电压表指示的电压（即调节电压）应为 13.9～15.1V（25℃），电流表的读数应小于 10A。调节电压过高或过低应检修或更换调节器；电流过大说明蓄电池充电不足或有故障，应补充充电或更换蓄电池。

（2）负载性能诊断

① 检测仪器的连接同空载性能诊断。

② 启动发动机并使其以 2000 r/min 运行。

③ 接通前照灯和暖风电动机（夏季则接通空调器），此时调节器电压也应为 13.9～15.1V，电流表的读数应大于 30A；若小于 30A，则说明发电机的功率不足，应拆下检修或更换发电机。

十二、电源系统的常见故障诊断与排除

电源系统的故障主要是以蓄电池是否充电来表现，主要有蓄电池不充电、蓄电池充电电流过小和蓄电池充电电流过大等故障。

1．蓄电池不充电

（1）故障现象

① 发动机中高速运转，放电警告灯不熄灭。

② 开前照灯，电流表指示放电。

（2）故障原因

① 线路的接线断开或短路。

② 电流表的接线错误。

③ 发电机故障。

④ 调节器调整不当或有故障。

（3）判断步骤与方法

① 检查发电机传动带的状况。

a．检查发电机传动带的松紧度，用手指压下传动带的中部，若压下量过大，说明发电机传动带过松，应调整。

b．检查发电机传动带是否打滑。

② 检查充电线路各导线和接头有无断裂或松脱，检查发电机的接线是否正确。

③ 打开点火开关，但不启动发动机，用试灯将其一端接在发电机的磁场接线柱上，另一端搭铁，观察试灯。

a．若试灯不亮，说明故障在调节器。

b．若试灯亮，则拆下发电机"电枢"接线柱上的导线并悬空，用试灯将其一端接在发电机"电枢"接线柱上，另一端搭铁，若试灯不亮或灯光发红，说明发电机有故障。

④ 若发电机有故障，可用万用表测量各接线柱之间的电阻值，粗略判断故障所在。测量前，拆下发电机各接线柱上的导线，将万用表置于 R×1 挡测量各接柱之间的电阻值，其值应符合规定，若不符合规定，应对发电机进行拆检。

⑤ 若调节器有故障，应进行如下操作。

a．对于晶体管调节器，应更换。

b．对于触点式调节器，应进行如下操作。

● 检查低速触点有无烧蚀或脏污，若有，应用砂纸或砂布条研磨或清洁。

● 检查高速触点能否分离，若不能分离应修复。

2．蓄电池充电电流过小

（1）故障现象

① 蓄电池在亏电情况下，发动机以中速以上运转时，电流表指示充电电流过小。

② 蓄电池经常存电不足。

③ 打开前照灯，灯光暗淡；按动电喇叭，声音小。

（2）判断步骤与方法

① 外观检查。

a．检查发电机传动带的松紧度，用手指按下传动带的中部，若压下量过大，说明发电机传动带过松，应调整。

b．检查充电线路各导线接头是否接触不良或烧蚀脏污。

② 拆下发电机"+"和"F"接线柱的导线，用试灯的两根接线分别触及"+"和"F"接线柱，启动发动机，并逐渐提高发电机的转速，同时观察试灯。

a．若试灯亮度不变或变化很小，说明故障在发电机。

b．若试灯亮度随发动机的转速增加而亮度增加，说明故障在调节器。

③ 对于装有晶体管调节器的充电系统，可启动发动机，并使其略高于怠速，然后连接调

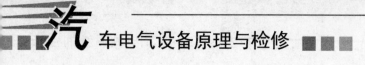

节器的"F"与"−"接线柱，逐渐提高发动机转速，观察电流表。

a．若电流表指示的充电电流增大，说明故障在调节器。

b．若电流表指示无变化，说明故障在发电机。

④ 若是故障在发电机，应进行解体检查。

⑤ 若是故障在调节器，应进行如下操作。

a．对于晶体管调节器，应更换。

b．对于触点式调节器，应拆下调节器盖进行检查。

● 用手拉紧弹簧，启动发动机并以中速运转，若充电电流增大，说明调节器的限额电压过低，应调整弹簧拉力。

● 用螺钉旋具连接低速触点，若充电电流增大，说明低速触点烧蚀或脏污，应研磨或清洁。

3．蓄电池充电电流过大

（1）故障现象

① 在蓄电池不亏电的情况下，充电电流仍在 10A 以上。

② 蓄电池中的电解液损耗过快。

③ 分电器断电器触点经常烧蚀。各种灯泡经常烧坏。

（2）判断步骤与方法

充电电流过大的故障，一般都是调节器失调所致，所以在检查时，主要是对调节器进行检查。

① 对于装有晶体管调节器的充电系统，应检查发电机与调节器是否匹配，如果无匹配问题，则应更换调节器。

② 对于装有触点式调节器的充电系统，应进行弹簧弹力及衔铁间隙的调整，使之符合要求。

第二部分　任务实施

在任务实施的过程中，将学习的内容运用其中，做到学以致用。

一、工具准备

组合工具 1 套、拉马（顶拔器）1 只、记号笔 1 支、万用表和常用工具。

二、技术要求与标准

① 所有操作符合安全操作要求。

② 所有操作符合汽车发电机系统维修技术标准。

③ 在操作过程中不允许出现安全事故。

三、要完成的工作

1．从汽车上将发电机拆卸下来。

2．将发电机进行分解。

3．用万用表对发电机进行检查。

4．进行发电机的组装。

5．将发电机安装到汽车上。

 **任务评价**

一、自我评价

1．汽车发电机的常见故障有哪些?

2．本任务给你印象最深的是什么?

3．自己对学习本任务的自我评价（包括着装、学习态度、知识以及技能掌握程度、工作页的填写情况等）。

二、小组评价

序号	评价项目	评价情况		
		好	中	差
1	出勤情况			
2	着装情况			
3	课堂秩序			
4	学习是否积极主动			
5	学习任务书填写			
6	工具、仪器的使用情况			
7	工具整理、现场清理的情况			

三、教师评价

教师的总体评价：

项目三　汽车启动系统的检测与排故

任务一　汽车启动系统的检测与排故

 **学习目标**

◇ 掌握启动系统的功用与结构。

◇ 掌握启动机的工作原理。

◇ 了解影响启动机功率的主要因素。

◇ 掌握启动机各组成部分的检修方法。

◇ 掌握启动系统的常见故障。

◇ 掌握启动系统常见故障的诊断方法。

◇ 掌握启动系统常见故障的排除方法。

建议完成本任务的学时为 12 学时。

内容结构

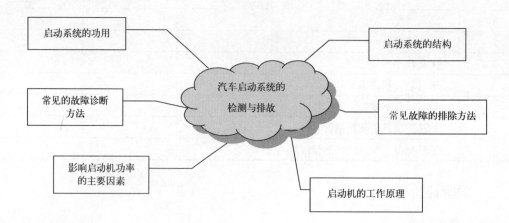

 **任务描述**

　　学习启动系统的作用、结构及工作原理；完成启动机的拆装、检测并在实车上排除故障的任务。

第一部分 任务学习引导

一、启动系统的作用

要使发动机由静止状态过渡到工作状态，必须用外力转动发动机的曲轴，使汽缸内吸入（或形成）可燃混合气并燃烧膨胀，工作循环才能自动进行。曲轴在外力的作用下开始转动到发动机开始自动地怠速运转的全过程，称为发动机的启动。启动系统的功用就是通过转动曲轴启动发动机，发动机启动后，启动系统便立即停止工作（如图3-1所示）。

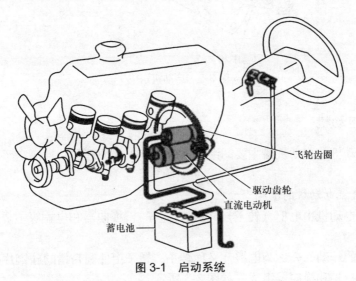

图3-1 启动系统

常用的启动方法有手摇启动和电力启动两种。

手摇启动只需将启动手柄端头的横销嵌入发动机曲轴前端的启动爪内，以人力转动曲轴。此方法操作不便，易加重驾驶员的劳动强度。

电力启动是用电动机作机械动力，当电动机轴上的齿轮与发动机飞轮周缘的齿圈啮合时，动力就传到飞轮和曲轴，使其旋转。电动机本身又以蓄电池作为能源。

二、启动机的结构与组成

启动机由直流电动机、传动机构和操纵机构3部分组成（如图3-2所示）。

直流电动机：将蓄电池输入的电能转换为机械能，产生电磁转矩。

传动机构：由单向离合器与驱动齿轮、拨叉等组成。其作用是在启动发动机时使驱动齿轮与飞轮齿圈相啮合，将启动机的转矩传递给发动机曲轴；在发动机启动后又能使驱动齿轮与飞轮自动脱离，在它们脱离过程中，发动机飞轮反拖驱动齿轮时，单向离合器使其形成空转，避免了飞轮带动启动机轴旋转。

操纵机构：主要是指启动机的电磁开关，用来接通或断开电动机与蓄电池之间的电路。

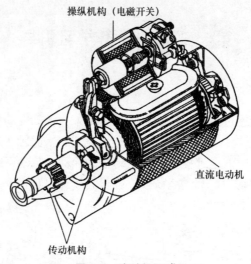

操纵机构（电磁开关）

直流电动机

传动机构

图 3-2　启动机组成

三、直流电动机

串励直流电动机是启动机最主要的组成部分，其工作原理和特性决定了启动机的工作原理和特性。

1. 串励式直流电动机的结构

串励式直流电动机由电枢（转子）、磁极（定子）、换向器和电刷等主要部件构成。

（1）电枢

直流电动机的转动部分称为电枢，又称转子。转子由外圆带槽的硅钢片叠成的铁芯、电枢绕组线圈、电枢轴和换向器组成，如图 3-3 所示。

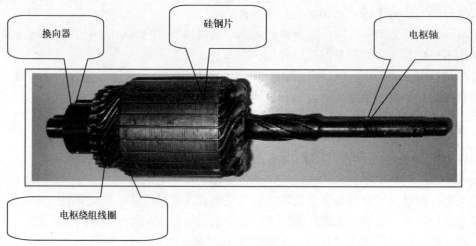

换向器

硅钢片

电枢轴

电枢绕组线圈

图 3-3　电枢的组成

为了获得足够的转矩，通过电枢绕组的电流较大(汽油机为 200～600 A，柴油机可达 1000 A)，因此，电枢绕组采用较粗的矩形裸铜漆包线绕制为成型绕组。

（2）磁极

磁极由固定在机壳内的磁极铁芯和磁场绕组线圈组成，如图 3-4 所示。

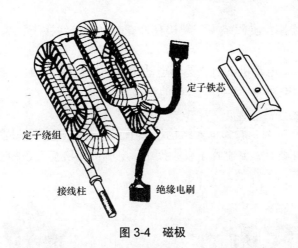

图 3-4 磁极

磁极一般是 4 个，两对磁极相对交错安装在发电机的壳体内，定子与转子铁芯形成的磁通回路如图 3-5 所示，低碳钢板制成的机壳也是磁路的一部分。

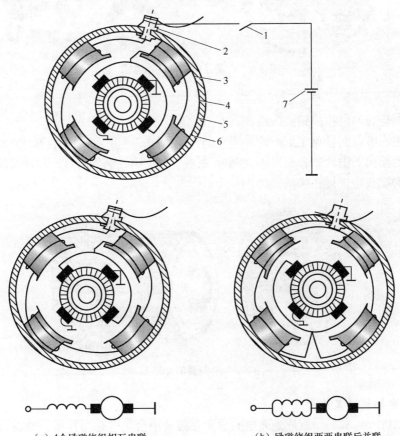

（a）4个励磁绕组相互串联　　　　　　　（b）励磁绕组两两串联后并联

1—启动开关；2—接线柱；3—励磁绕组；4—负电刷；5—换向器；6—正电刷；7—蓄电池

图 3-5 磁场绕组的连接

4 个励磁线圈有的是相互串联后再与电枢绕组串联（称为串联式），有的则是两两串联后再并联，再与电枢绕组串联（称混联式），如图 3-5 所示。

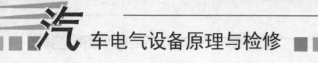

启动机内部线路连接：励磁绕组一端接在外壳的绝缘接线柱上，另一端与两个非搭铁电刷相连接。

当启动开关接通时，电动机的电路为蓄电池正极→接线柱 2→励磁绕组 3→正电刷 6→换向器和电枢绕组 5→负电刷 4→搭铁→蓄电池负极。

（3）电刷与电刷架

如图 3-6 所示，电刷架一般为框式结构，其中正极电刷架绝缘地固定在端盖上，负极电刷架与端盖直接相连并搭铁。电刷置于电刷架中，电刷由铜粉与石墨粉压制而成，呈棕黑色。电刷架上有较强弹性的盘形弹簧。

图 3-6　电刷及电刷架的示意图

（4）换向器

作用：向旋转的电枢绕组注入电流。

换向器由许多截面呈燕尾形的铜片围合而成，如图 3-7 所示，铜片之间由云母绝缘。云母绝缘层应比换向器铜片外表面凹下 0.8mm 左右，以免铜片磨损时，云母片很快突出。电枢绕组各线圈的端头均焊接在换向器的铜片上。

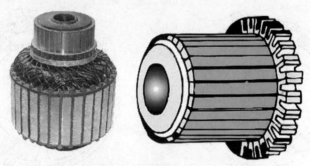

图 3-7　换向器的外形图

2. 直流电动机的工作原理

直流电动机的基本工作原理是通电的导体在磁场中会受电磁力作用，电磁力的方向遵循左手定则。

如图 3-8 所示，两片换向片分别与环状线圈的两端连接，电刷的一端与两换向器片相接触，另一端分别接蓄电池的正极和负极。在环状线圈中电流的方向交替变化，用左手定则判断可知，环状线圈在电磁力矩的作用下按顺时针方向连续转动。这样在电源连续对电动机供电时，其线圈就不停地按同一方向转动。

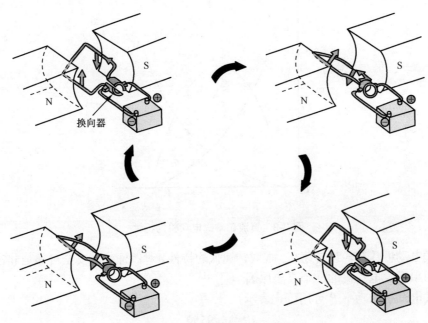

换向器

图 3-8　直流电动机的原理图

为了增大输出力矩并使运转均匀，实际的电动机中电枢采用多匝线圈，随线圈匝数的增多换向片的数量也要增多。

3. 直流电动机的工作特性

直流电动机工作时有如下的特点。

● 电动机中的电流越大，电动机产生的扭矩越大。

● 电动机的转速越高，电枢线圈中产生的反电动势就越大，电流也随之下降。

启动机在初始启动期间和启动期间各项指标的比较见表 3-1。

表 3-1　　　　　　启动机在初始启动期间和启动期间各项指标的比较表

阶段项目	初始启动期间	正常启动期间
电动机速度	较 低	较 高
电动机电流	较 大	较 小
电动机产生的扭矩	较 大	较 小
电枢中的反向电动势	较 小	较 大

直流串励式电动机的力矩 M、转速 n 和功率 P 随电枢电流变化的规律，称为直流串励式电动机的特性。图 3-9 所示为直流串励式电动机的特性曲线，其中曲线 M、n 和 P 分别代表力矩特性、转速特性和功率特性。

结合表 3-1 和图 3-9 可知，在启动机启动的瞬间，电枢转速为零，电枢电流达到最大值，力矩也相应达到最大值。使发动机的启动变得很容易。这就是汽车启动机采用串励式电动机的主要原因。

串励式电动机在输出力矩大时，电枢电流也大，电动机转速随电流的增加而急剧下降；反之，在输出力矩较小时，电动机转速又随电枢电流的减小而很快上升。

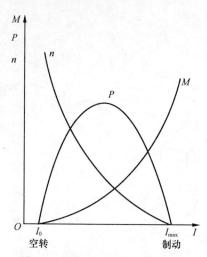

图 3-9　直流串励式电动机的特性

　　串励式电动机具有轻载转速高、重载转速低的特性，对保证启动安全可靠是非常有利的，是汽车采用串励式电动机的一个重要原因。

　　串励式电动机的功率 P 可用下式表示：

$$P=Mn/9550$$

式中，M——电枢轴上的力矩（N·m）；

　　　　n——电枢转速（r/min）。

　　电动机完全制动时，转速和输出功率为零，力矩达到最大值。空载时电流最小，转速最大，输出功率也为零。当电枢电流接近制动电流的一半时，电动机输出功率最大。

四、启动机的传动机构

　　传动机构的作用是把直流电动机产生的转矩传递给飞轮齿圈，再通过飞轮齿圈把转矩传递给发动机的曲轴，使发动机启动；发动机启动后，飞轮齿圈与驱动齿轮自动打滑脱离。传动机构一般由驱动齿轮、单向离合器、拨叉、啮合弹簧等组成。单向离合器有滚柱式、摩擦片式、弹簧式等几种类型。其中滚柱式单向离合器是最常用的，下面就以滚柱式单向离合器为例，讨论其结构和工作原理。

　　1. 滚柱式单向离合器的构造

　　如图 3-10 所示，滚柱式单向离合器的驱动齿轮通常与外壳制成一体，外壳内装有十字块、4 套滚柱、压帽和弹簧。十字块与花键套筒固连，壳底与外壳相互扣合密封。

　　花键套筒的外面装有啮合弹簧及垫圈，末端安装着拨环与卡簧。整个离合器总成套装在电动机轴的花键部位上，可作轴向移动和随轴转动。在外壳与十字块之间，形成 4 个宽窄不等的楔形槽，槽内分别装有 1 套滚柱、压帽及弹簧。滚柱的直径略大于楔形槽窄端，略小于楔形槽的宽端。

　　2. 工作过程

　　滚柱的受力分析如图 3-11 所示。当启动机电枢旋转时，转矩经套筒带动十字块旋转，滚柱滚入楔形槽窄端，将十字块与外壳卡紧，使十字块与外壳之间能传递力矩，如图 3-11（a）所示；发动机启动以后，飞轮齿圈会带动驱动齿轮旋转，当转速超过电枢转速时，滚柱滚入宽端打滑，这样发动机的力矩就不会传递至启动机，起到保护启动机的作用，如图 3-11（b）

所示。

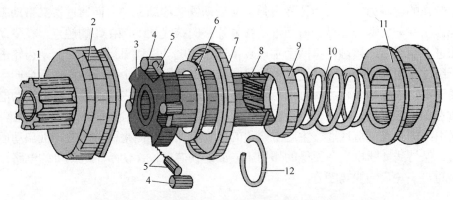

1—驱动齿轮；2—外壳；3—十字块；4—滚柱；5—压帽弹簧；6—垫圈；
7—护盖；8—花键套筒；9—弹簧座；10—啮合弹簧；11—拨环；12—卡簧

图 3-10　滚柱式单向离合器

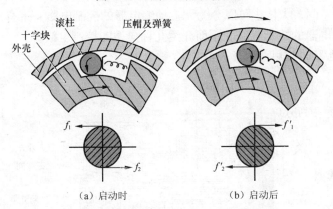

（a）启动时　　　（b）启动后

图 3-11　滚柱的受力及作用示意图

五、启动机的控制装置

电磁控制装置在启动机上称为电磁开关，其作用是控制驱动齿轮与飞轮齿圈的啮合与分离，并控制电动机电路的接通与切断。在现代汽车上，启动机均采用电磁式控制电路，电磁式控制装置是利用电磁开关的电磁力操纵拨叉，使驱动齿轮与飞轮齿圈啮合或分离。

1. 电磁控制装置的组成

图 3-12 所示为电磁开关结构图。电磁开关主要由吸引线圈、保持线圈、回位弹簧、活动铁芯、接触片等组成。其中，端子 C 接点火开关，通过点火开关再接电源；端子 30 直接接电源。

2. 基本工作过程

电磁开关的工作过程要结合电路进行分析，此处不对其进行单独的分析。主要的工作过程见启动系统控制电路（如图 3-13 所示）。当启动电路接通后，保持线圈的电流经启动机接线柱 50 进入，经线圈后直接搭铁。吸引线圈的电流也经启动机接线

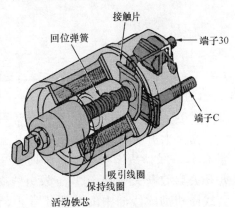

图 3-12　电磁开关结构图

柱 50 进入，但通过线圈后未直接搭铁，而是进入电动机的励磁线圈和电枢后再搭铁。线圈通电后产生较强的电磁力，克服回位弹簧弹力使活动铁芯移动，一方面通过拨叉带动驱动齿轮移向飞轮齿圈并与之啮合，另一方面推动接触片移向接线柱 50 和 C 的触点，在驱动齿轮与飞轮齿圈进入啮合后，接触片将两个主触点接通，使电动机通电运转。在驱动齿轮进入啮合前，由于经过吸引线圈的电流经过了电动机，所以电动机在这个电流的作用下会产生缓慢旋转，以便于驱动齿轮与飞轮齿圈进入啮合。在两个主接线柱触点接通后，蓄电池的电流直接通过主触点和接触片进入电动机，使电动机进入正常运转，此时通过吸引线圈的电路被短路，因此，吸引线圈中无电流通过，主触点接通的位置靠保持线圈来保持。发动机启动后，切断启动电路，保持线圈断电，在弹簧的作用下，活动铁芯回位，切断了电动机的电路，同时也使驱动齿轮与飞轮齿圈脱离啮合。

六、启动系统控制电路

启动系统的控制电路指除启动机本身电路以外的启动系统电路。启动系统的控制电路随车型的不同而有所不同，大体上可以分为无启动继电器的控制电路、带有启动机电器的控制电路和带有保护继电器的控制电路。下面介绍几种典型的控制电路。

1. 无启动继电器的控制电路（如图 3-13 所示）

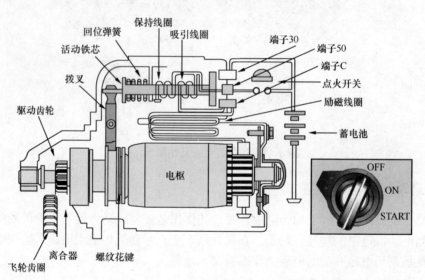

图 3-13　无启动继电器的控制电路

下面以丰田 AE 系列轿车和普通桑塔纳轿车为例，介绍无启动继电器的控制电路。

（1）丰田 AE 系列轿车

图 3-14 所示为丰田 AE 系列中常用的启动机控制电路。其工作过程如下。

当点火开关位于启动挡时，电流的流向为：蓄电池"＋"→点火开关启动开关→端子 50→保持线圈→搭铁，同时吸引线圈中也通过电流，方向为：蓄电池"＋"→点火开关启动开关→端子 50→吸引线圈→端子 C→励磁线圈→电枢→搭铁。此时由于吸引线圈和励磁线圈中的电流非常小，电动机以低速运转，同时吸引线圈和保持线圈中产生的磁场吸引活动铁芯向右运动，克服回位弹簧的作用力，拉动拨叉向左运动，拨叉使离合器的小齿轮向左和飞轮的齿圈啮合。这个过程电动机的转速低，可以保证齿轮之间平顺啮合。

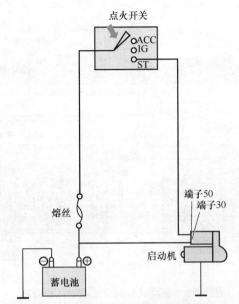

点火开关
ACC
IG
ST

端子50
端子30

熔丝

启动机

蓄电池

图 3-14 丰田 AE 系列常用的启动机控制电路

当小齿轮和飞轮齿圈完全啮合后，与活铁芯连在一起的接触片向右运动，和端子 30 及端子 C 接触，从而接通了主开关，通过启动机的电流增大，电动机的转速升高。而电枢轴上的螺纹使小齿轮和飞轮齿圈更加牢固的啮合。此时吸引线圈两端的电压相等，所以无电流通过。保持线圈产生的磁场力使活铁芯保持在原位不动。此时的电流方向分别为：蓄电池"＋"→点火开关启动开关→端子 50→保持线圈→搭铁；蓄电池"＋"→端子 30 接触片→端子 C→励磁线圈→电枢绕组→搭铁。

发动机启动以后，点火开关会从"START"挡回到"ON"挡，这就切断了端子 50 上的电压。这时，接触片和端子 30 及端子 C 仍保持接触。如图 3-13 所示，电路中的电流为：蓄电池"＋"→端子 30→接触片→端子 C→吸引线圈→保持线圈→搭铁。同时电流还经过端子 C→励磁线圈→电枢→搭铁。由于此时吸引线圈和保持线圈的电流方向相反，产生的磁场力相互抵消，在复位弹簧的作用下，活动铁芯向左运动，使得小齿轮与飞轮齿圈脱离，同时，接触片和两个端子断开，切断电动机中的电流，整个启动过程结束。

（2）普通桑塔纳轿车的启动控制电路

桑塔纳轿车采用 QD1225 型启动机，启动系的控制电路采用无启动继电器的启动电路，如图 3-15 所示。在其控制电路中，点火开关"30"接线柱接电源，由红/黑色导线从点火开关上"50"接线柱送至中央线路板 B8 结点，再通过中央线路板 C18 结点，引到启动机电磁开关"50"接线柱。用黑色导线连接蓄电池正极与启动机"30"接线柱。

工作过程如下。

点火开关 1 拨到第二挡，其"30"端子与"50"端子接通，使启动机的电磁开关通电，使启动机进入工作状态。其电路为：蓄电池正极端子→红色导线→中央线路板 16 的单端子插座 P 端子→中央线路板内部线路→中央线路板单端子插座 P 端子→红色导线→点火开关"30"端子→点火开关→点火开关"50"端子→中央线路板 B8 端子→中央线路板内部线路→中央线路板 C18 端子→启动机 "50" 端子→进入电磁开关。

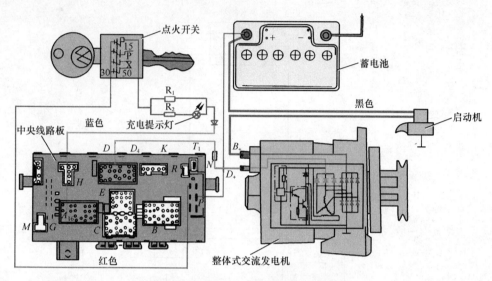

图 3-15　桑塔纳系列轿车启动控制线路

2.　带启动继电器的控制电测

装启动继电器的目的是减小通过点火开关的电流，防止点火开关烧损。启动继电器有 4 个接线柱分别标有启动机、蓄电池、搭铁和点火开关，点火开关与搭铁接线柱之间是继电器的电磁线圈，启动机和电池接线柱之间是继电器的触点。接线时，"点火开关"接线柱接点火开关的启动挡，"蓄电池"接线柱接电源，"搭铁"接线柱直接搭铁，"启动机"接线柱接启动机电磁开关上启动机接线柱，如图 3-16 所示。

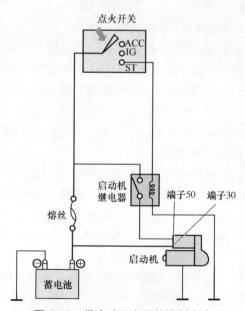

图 3-16　带启动继电器的控制电路

发动机启动时，将点火开关启动挡接通，继电器的电磁线圈通电，使触点闭合，电源的电流便经继电器的触点通往启动机电磁开关的启动机接线柱，电磁开关通电后，便控制启动机进入工作状态，从电路中可以看出，启动期间流经点火开关启动挡和继电器线圈的电流较小，大电流经过继电器开关流入启动机，保护了点火开关。启动过程的工作原理如前述，此处不再重复。

3. 带保护继电器的控制电路

为了防止发动机启动以后启动电路再次接通，一些启动电路中还安装了带有保护功能的组合式继电器。下面以 CA1090 型汽车启动系统电路为例，介绍其作用和工作过程。

（1）组合继电器

CA1090 型汽车启动系装用了 JD171 型组合继电器，如图 3-17 所示。

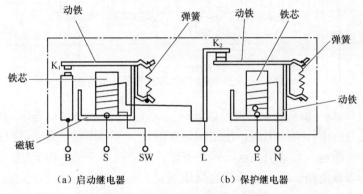

图 3-17　JD171 型组合继电器

JD171 型组合继电器由两部分构成，一部分是启动继电器，其作用与前述启动继电器的作用相同；另一部分是保护继电器，其作用是与启动继电器配合，使启动电路具有自动保护功能，另外还控制充电指示灯。

组合继电器中的启动继电器、保护继电器都由铁芯、线圈、磁轭、动铁、弹簧、触点组成，其中启动继电器触点 K_1 为常开式，保护继电器触点 K_2 为常闭式。由于启动继电器线圈与保护继电器触点 K_2 串联，因此，当 K_2 打开时，K_1 不可能闭合。组合继电器共有六个接线柱分别为 B、S、SW、L、E、N，分别接电源、启动机电磁开关、点火开关启动挡、充电指示灯、搭铁和发电机中性点。

（2）启动系统的工作过程

CA1091 型汽车的启动系统电路如图 3-18 所示，其工作过程如下。

① 当点火开关 3 置于启动挡（Ⅱ挡）时，启动继电器线圈通电，电流回路为：蓄电池正极→熔断器→电流表→点火开关启动触点Ⅱ→启动继电器线圈→保护继电器常闭触点→搭铁→蓄电池负极。

启动继电器线圈通电使启动继电器的常开触点闭合，接通了启动机电磁开关电路，使启动机进入启动状态。

② 发动机启动后，松开点火开关，钥匙自动返回点火挡（Ⅰ挡），启动继电器触点打开，切断了启动机电磁开关电路，电磁开关复位，启动机停止工作。

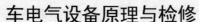

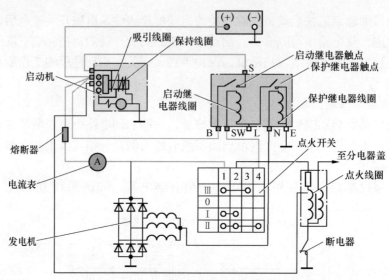

图 3-18　CA1091 型汽车启动系统电路图

③ 发动机启动后，如果点火开关没能及时返回 I 挡，则组合继电器中的保护继电器线圈由于承受交流发电机中性点的电压，使常闭触点断开，自动切断了启动继电器线圈的电路，使启动机电磁开关断电，启动机便自动停止工作。发动机启动后，由于触点的断开，也切断了充电指示灯的搭铁电路，充电指示灯也会熄灭。

④ 在发动机运行时，如果误将点火开关置于启动挡，由于在此控制电路中，保护继电器的线圈总加有交流发电机中性点电压，常闭触点处于断开状态，启动继电器线圈不能通电，启动机电磁开关不能动作，避免了发动机在运行中使启动机的驱动齿轮进入与飞轮齿圈的啮合而产生的冲击，起到了保护作用。

有的汽车启动继电器线圈通过防盗系统搭铁，发动机启动时，只有防盗系统发出启动信号后，继电器线圈才能搭铁；如果防盗系统没有收到启动信号，则继电器线圈中无电流，启动机就不能工作，实现了防盗功能。

七、启动机的检测

启动机的检测分为不解体检测和解体检测两种。解体检测随解体过程一同进行；不解体检测可以在拆解之前或装复后进行。

1. 启动机的不解体检测

在进行启动机的解体前，通过不解体性能检测可以大致找出故障；启动机组装完毕后也应进行性能检测，以保证启动机正常运行。

（1）吸引线圈性能测试

将启动机励磁线圈的引线断开，按图 3-19 所示连接蓄电池与电磁开关。

（2）保持线圈性能测试

按图 3-20 所示连接导线，在驱动齿轮移出之后从端子 C 上拆下导线。

（3）驱动齿轮复位测试

驱动齿轮复位测试方法如图 3-21 所示。

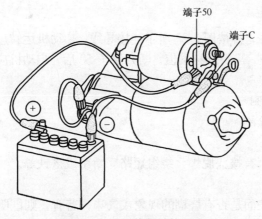

图 3-19　吸引线圈性能测试

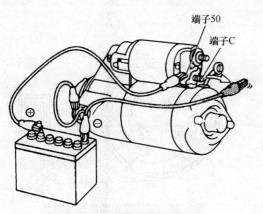

图 3-20　保持线圈性能测试

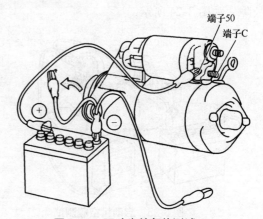

图 3-21　驱动齿轮复位测试

（4）驱动齿轮间隙的检查

按图 3-22（a）所示连接蓄电池和电磁开关，并按图 3-22（b）所示进行驱动齿轮间隙的测量。

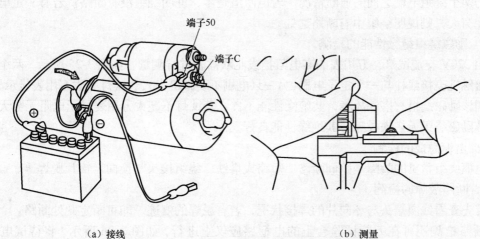

（a）接线　　　　　　　　　　　　　　　　（b）测量

图 3-22　驱动齿轮间隙检查

（5）启动机空载测试

首先将启动机固定好，再按图3-23所示连接导线，启动机运转应平稳，同时应移出驱动齿轮。读取安培表的数值，应符合标准值。断开端子50后，启动机应立即停止转动，同时驱动齿轮缩回。

2. 启动机的解体检测

（1）直流电动机的检测

① 磁场绕组的检测

磁场绕组的常见故障有接头脱焊、绕组短路、断路或搭铁等。

a. 短路故障的检查

首先观察绕组导线表面是否有烧糊的现象或气味，若有，则证明有短路的征兆，可将蓄电池的2V电压进行通电，试验各磁极的电磁吸力的大小和均匀程度，以证明其是否有短路故障，如图3-24所示。

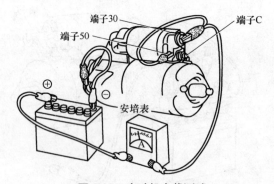

图3-23　启动机空载测试

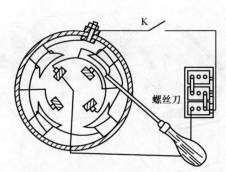

图3-24　磁场绕组短路故障检测

b. 断路故障的检测

最常见的断路点是在机壳接线柱与绕组接头之间的导线焊接处、各励磁线圈之间的接线处，在拆检的同时应注意观察。也可用万用电表的低电阻挡进行测量，试棒分别测量机壳接线柱与两个绕组电刷之间的通断情况。若电阻值是零，证明绕组没有断路；若有一定电阻值或是无穷大，则说明绕组中有断路之处。

c. 励磁绕组绝缘性能的检测

用220V交流试灯、万用表的高电阻挡或兆欧摇表进行测量，如图3-25所示。两个试棒分别接触机壳接线柱与一个定子电刷（另一只电刷不要碰机壳），若试灯亮或万用表显示导通，就说明该励磁绕组有搭铁故障，其绝缘性能不良；若试灯不亮或万用表显示电阻无穷大，则证明该励磁绕组无搭铁故障，其绝缘性能良好。

② 电枢总成的检测

电枢绕组常见的故障是匝间断路、短路或搭铁、绕组接头与换向器铜片脱焊等。

a. 断路故障的检测

首先查看线圈端头与环向片的焊接状况，若有脱焊的痕迹，即可断定此处断路。

断路检测还可在万能试验台上的电枢感应仪上进行，如图3-26所示。将待试电枢放在感应仪上，接通开关，指示灯发亮。将两个测试棒接触两相邻换向片，在换向器上移动试棒，直到能够测得电流表指示较大电流值时，固定试棒的位置，慢慢转动电枢，使所有换向片均依次经过此位置。同时，观察各相邻换向片对应的电流表读数，若读数均相等，证明定子绕组无断路故障；若读数不等或无读数，则证明该相邻换向片间绕组有断路。

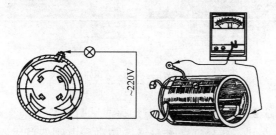

图 3-25　励磁绕组绝缘性能检测

b．匝间短路故障的检测

匝间短路故障的检测可在电枢感应仪上进行，如图 3-27 所示。将待试工件放在电枢感应仪上，接通开关，指示灯发亮。将钢片放于转子绕组顶部的槽上，慢慢转动转子，使钢片越过所有槽顶。若越过某槽顶时钢片发生电磁振动，说明该处绕组有匝间短路故障；若无以上现象，则证明该电枢绕组无匝间短路故障。

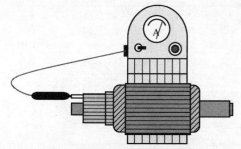

图 3-26　电枢绕组断路检测

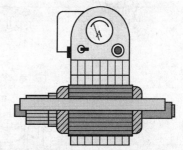

图 3-27　匝间短路故障检测

c．绕组绝缘性能的检测

用 220V 交流试灯或万用表的高电阻挡进行测试，如图 3-28 所示。两个试棒分别接触换向片和电枢轴，若试灯亮或万用表显示导通，就说明该电枢绕组有搭铁故障，其绝缘性能不良；若试灯不亮或万用表显示电阻无穷大，则证明该电枢绕组绝缘性能良好。

d．换向器故障的检测

换向器故障多为表面烧蚀、云母片突出等。轻微烧蚀用"00"号砂纸打磨即可。严重烧蚀的换向器应进行加工，但加工后换向器铜片的厚度不得小于 2mm。

换向器最小直径的检测：若测得的直径小于最小值，应更换电枢。

绝缘片的检查方法：换向片应洁净无异物，绝缘片的深度为 0.5～0.8mm，最大深度为 0.2mm。

③ 电刷、电刷架及电刷弹簧的检测

电刷的检测如图 3-29（a）所示。电刷高度应不低于标准高度的 2/3，接触面积应不少于 75%，电刷在电刷架内无卡滞现象，否则需进行修磨或更换。

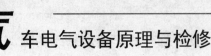
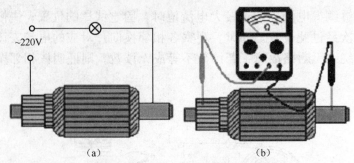

图 3-28　电枢绕组绝缘性能检测

电刷架的检测如图 3-29 (b) 所示，用万用表或试灯可检查绝缘电刷架的绝缘性，正电刷"A"和负电刷"B"之间不应导通，若导通，应进行电刷架总成的更换。

电刷弹簧的检测如图 3-29 (c) 所示，用弹簧秤检测电刷弹簧的张力，不同型号的启动机的弹簧张力是不同的，若测得的张力不在规定范围之内应更换电刷弹簧。

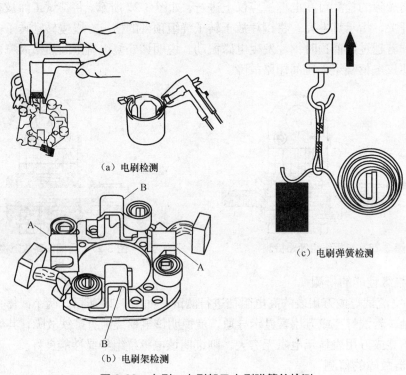

（a）电刷检测

（c）电刷弹簧检测

（b）电刷架检测

图 3-29　电刷、电刷架及电刷弹簧的检测

(2) 传动机构的检测

单向离合器总成常见的故障是驱动齿轮磨损和离合器打滑。驱动齿轮齿长磨损不得超过其原尺寸的 1/4，否则，应更换；单向离合器打滑的检查方法是将其安装上专用套筒，用台钳夹住离合器齿轮，用扭力表检查其正向扭矩，应大于 30N·m 而不打滑，否则应更换。

(3) 电磁开关的解体检测

① 接触片检测

解体检测电磁开关接触片的接触状况如图 3-30 所示。用手推动活动铁芯，使接触盘与两接线柱接触，然后将表笔两端置于端子"30"与端子"C"，接触片应导通，且正常情况下电阻的阻值应为 0。

若接触片不导通，则应解体直观检测电磁开关的触点和接触盘是否良好，烧蚀较轻的可用砂布打磨后使用，烧蚀较重的应进行翻面或更换。

② 吸引线圈开路检测

解体检测吸引线圈开路如图 3-31 所示。用欧姆表连接端子"50"和端子"C"，吸引线圈应导通，并且电阻的阻值在标准范围内，否则吸引线圈可能出现开路故障。检测时也可以进行不解体检测。

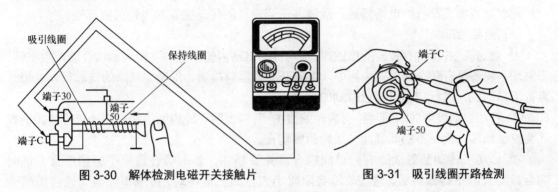

图 3-30　解体检测电磁开关接触片　　　图 3-31　吸引线圈开路检测

③ 保持线圈开路检测

解体检测保持线圈开路，用欧姆表连接"端子 50"和搭铁，保持线圈应导通，并且电阻的阻值在标准范围内，否则保持线圈可能出现开路故障或线圈搭铁不良现象。检测时也可以进行不解体检测。

八、启动系统常见故障的诊断与维修

启动系统常见的故障主要有启动机不转、启动机运转无力及启动机空转等，现一一进行分析。

1. 启动机不转

（1）故障现象

将点火开关旋至启动挡，启动机的驱动齿轮不向外伸出，启动机不转。

（2）故障原因

① 电源故障：蓄电池严重亏电或极板硫化、短路等，蓄电池极柱与线夹接触不良，启动电路的导线连接处松动而接触不良等。

② 启动机故障：换向器与电刷接触不良，励磁绕组或电枢绕组有断路或短路，绝缘电刷搭铁，电磁开关线圈断路、短路、搭铁或其触点烧蚀等。

③ 点火开关故障：点火开关接线松动或内部接触不良。

④ 启动系统线路故障：启动线路中有断路、导线接触不良或松脱等。

2. 启动机转动无力

（1）故障现象

将点火开关旋至启动挡，启动机的驱动齿轮发出"咔哒"声并向外移出，但是启动机不转动或转动缓慢无力。

（2）故障原因

① 电源故障：蓄电池亏电或极板硫化短路，启动电路的导线连接处接触不良等。

② 启动机故障：换向器与电刷接触不良，电磁开关接触盘和触点接触不良，电动机励磁绕组或电枢绕组有局部短路等。

3. 启动机空转

（1）故障现象

接通启动开关后，只有启动机快速旋转而发动机的曲轴不转。

（2）故障原因

此现象表明启动机的电路畅通，故障在于启动机的传动装置和飞轮齿圈等处。

（3）故障诊断

① 启动机空转时，有较轻的摩擦声，启动机的驱动齿轮不能与飞轮齿圈啮合而产生空转，即驱动齿轮还没有啮合到飞轮齿圈中，电磁开关就提前接通，说明主回路的接触行程过短，应拆下启动机，进行启动机接通时刻的调整。

② 若在启动机空转的同时伴有齿轮的撞击声，则表明飞轮齿圈齿轮或启动机小齿轮磨损严重或已损坏，致使不能准确地与飞轮齿圈啮合。

③ 启动机传动装置故障有：单向啮合器弹簧损坏，单向啮合器滚子磨损严重，单向啮合器套管的花键槽烧蚀，这些故障会阻碍小齿轮的正常移动，造成不能与飞轮齿圈准确啮合等。

④ 有些启动机的传动装置采用一级行星齿轮减速装置，其结构紧凑，传动比大，效率高。但使用中常会出现载荷过大而烧毁卡死。有的采用摩擦片式离合器，若压紧弹簧损坏，花键锈蚀卡滞和离合器摩擦片打滑，也会造成启动机空转。

第二部分 任务实施

在任务实施的过程中，将学习的内容运用其中，做到学以致用。

一、工具准备

梅花扳手（组合工具），一字和十字螺钉旋具各 1 把，万用表、启动机、组合工具，润滑脂若干。

二、技术要求与标准

① 所有操作符合安全操作要求。

② 所有操作符合汽车启动系统维修技术标准。

③ 在操作过程中不允许出现安全事故。

三、要完成的工作

启动机的拆装如下。

（1）从电磁开关接线柱上拆开_____与_____之间的连接导线。

（2）松开电磁开关总成的两个_____，取出电磁开关总成，如图 3-32（a）所示。

🗣️ 注意:

在取出电磁开关总成时，应将其头部①向上抬，使柱塞铁芯端头的扁方②与拨杆脱开后取出，如图 3-32（b）所示。

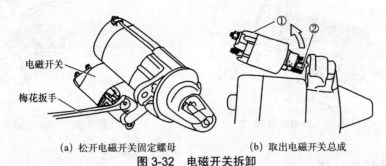

(a) 松开电磁开关固定螺母　　　　　(b) 取出电磁开关总成

图 3-32　电磁开关拆卸

（3）拆下换向器的两个螺栓，取下＿＿＿＿＿＿，如图 3-33 所示。

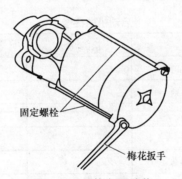

图 3-33　拆换向器端盖

（4）拆下电刷架及定子总成，如图 3-34 所示。

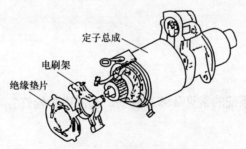

图 3-34　拆电刷架及定子总成

（5）将启动机＿＿＿＿＿＿＿及＿＿＿＿＿一起从启动机机壳上拉出来，如图 3-35 所示。

（6）从电枢轴上拆下电枢止推挡圈的＿＿＿＿、＿＿＿＿、电枢止推挡圈左半环，拆下超速离合器总成，如图 3-36 所示。

启动机的组装程序与分解相反，但要注意在组装启动机前，应将启动机的轴承和滑动部位涂以润滑脂。

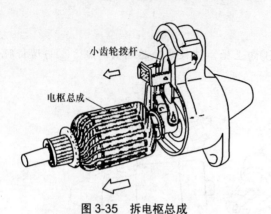

图 3-35 拆电枢总成

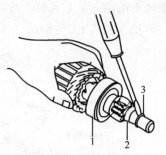

图 3-36 拆离合器总成

四、启动机的检修

根据表 3-2 中的检测项目进行检测，填写表 3-2。

表 3-2 启动机的检修

序号	项目	检测端子	测量的数据	检修结果
1	磁场绕组短路故障检测			
2	激磁绕组绝缘性能检测			
3	电枢绕组断路检测			
4	匝间短路故障检测			
5	电枢绕组绝缘性能检测			
6	吸引线圈开路检测			
7	保持线圈开路检测			

 任务评价

一、自我评价

1. 你认为汽车启动系统的常见故障有哪些，如何进行检修？

2. 本任务给你印象最深的是什么？

3．自己对学习本任务的自我评价（包括着装、学习态度、知识以及技能掌握程度、工作页的填写情况等）。

二、小组评价

序号	评价项目	评价情况		
		好	中	差
1	出勤情况			
2	着装情况			
3	课堂秩序			
4	学习是否积极主动			
5	学习任务书填写			
6	工具、仪器的使用情况			
7	工具整理、现场清理的情况			

三、教师评价

教师的总体评价：

项目四　汽车照明与信号系统的检修

任务一　汽车照明系统的检修

学习目标

◇ 掌握照明系统的组成、功能以及工作的基本过程。
◇ 能够识读典型的照明电路图以及根据电路图检修照明系统。
◇ 掌握照明系统的灯具的特点以及维修方法。
◇ 掌握整车照明电路的故障排查的方法和技巧，能够排除典型的故障。
建议完成本任务的学习为 12 学时。

内容结构

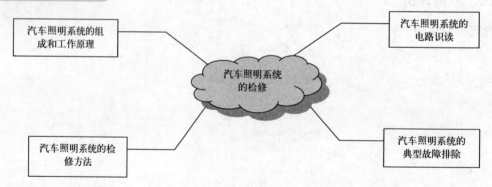

任务描述

　　学习汽车照明系统的组成、功用以及工作原理，掌握汽车照明系统的电路控制方法以及系统中主要部件的构造和检修方法，完成汽车照明系统典型故障的检测与排除任务。

第一部分　任务学习引导

一、汽车照明与信号装置的功用

　　为了保证发动机的正常工作和行驶安全、提高运输效率、降低运输成本，在汽车上安装了各种照明、信号和仪表。

1. 汽车的灯光系统

汽车的灯光系统可分为外部照明装置、内部照明装置和汽车灯光信号装置。一般来说，汽车上至少有 50～60 个灯。

2. 汽车的灯光系统电路

汽车的灯光系统工作电路一般为：电源（正极）→熔丝/继电器→开关→灯→搭铁（负极）。

3. 汽车灯具的种类

（1）照明灯（如图 4-1 所示）

① 前照灯

前照灯（前大灯）装在汽车头部两侧，用于夜间行车时的照明。前照灯有两灯制和四灯制之分，功率一般为 40～60W。

② 雾灯

雾灯有前雾灯和后雾灯两种。前雾灯装在汽车前部比前照灯稍低的位置，用于在雨雾天气行车时的照明；为保证雾天高速行驶的汽车向后方车辆或行人提供本车位置信息，交通管理部门规定，运行车辆应在车辆后部加装功率较大的后雾灯，以降低交通事故的发生率。雾灯的光色规定为光波较长的黄色、橙色或红色。

③ 牌照灯

牌照灯装于汽车尾部的牌照上方，用于夜间照亮汽车牌照。

④ 仪表灯

仪表灯装于汽车仪表板上，用于仪表照明，以便于驾驶员获取行车信息和进行正确操作，其数量根据仪表设计布置而定。

⑤ 顶灯

顶灯装于驾驶室或车厢顶部，用于车内照明。

⑥ 工作灯

车上一般只装工作灯插座，配带导线及移动式灯具，为在排除汽车故障或检修时提供照明。

（2）灯光信号装置（如图 4-1 所示）

① 转向信号灯

转向信号灯一般有 4 只或 6 只，装在汽车前后或侧面，功率一般为 20 W，用于汽车转弯时发出明暗交替的闪光信号，使前后车辆、行人、交警知其行驶方向。

② 危险报警灯

危险报警灯与转向信号灯共用。当车辆出现故障停在路面上时，按下危险警报开关，全部转向灯同时闪亮，提醒后方车辆避让。

③ 示廓灯

示廓灯（前小灯）装于汽车前后两侧边缘，白色，用于标示汽车夜间行驶或停车时的汽车的宽度轮廓。

④ 尾灯

尾灯装于汽车尾部，左右各 1 只，红色，用于在夜间行驶时向后面的车辆或行人提供位置信息。

⑤ 制动灯

制动灯装于汽车后面，用于当汽车制动或减速停车时，向车后发出灯光信号，以警示随

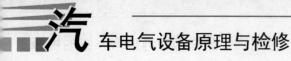

后车辆及行人。多采用组合式灯具，一般与尾灯共用灯泡（双丝灯），但制动灯功率较大，为20W左右。

⑥ 倒车灯

倒车灯装于汽车尾部，左右各1只，白色，用于照亮车后的路面，并警告车后的车辆和行人，该车正在倒车。

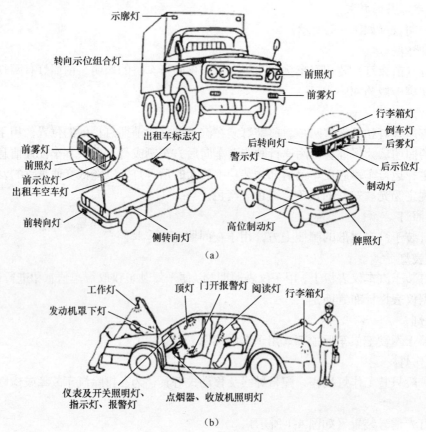

（a）

（b）

图 4-1　汽车灯光系统的位置图

二、汽车前照灯

为了确保夜间行车的安全，前照灯应保证车前有明亮而均匀的照明，使驾驶员能够辨明车前 100m（或更远）内道路上的任何障碍物。随着汽车行驶速度的不断提高，对前照灯的要求也越来越高，现代高速汽车的前照灯的照明距离能达到 200～250m。

前照灯应具有防炫目的装置，以免夜间行车时，因对方驾驶员目眩而发生事故。

1. 汽车前照灯的结构

汽车前照灯一般由光源（灯泡）、反光镜、配光镜（散光镜）3 部分组成。

（1）灯泡

目前汽车前照灯所用的灯泡有普通灯泡（白炽灯泡）和卤素灯泡，两种灯泡的灯丝均采用熔点高、发光强的钨制成，如图 4-2 所示。

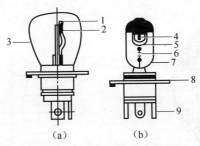

1、7—配光屏；2、4—近光灯丝；3、5—远光灯丝；6—定焦盘；8—泡壳；9—插片

图 4-2　前照灯的灯泡

普通灯泡的灯丝用钨丝制成，从玻璃泡内抽出空气，然后充以 86% 的氩气和约 14% 的氮气的混合惰性气体以减少钨丝受热蒸发，延长其使用寿命，灯丝制成紧密的螺旋状。灯泡在长期使用后会发黑，表明灯丝的损耗依然存在，因此并不能阻止钨丝的蒸发。卤素灯泡是在惰性气体中加入了一定量的卤族元素（如碘、溴），使得从灯丝上蒸发出来的气态钨与卤族元素反应生成了一种挥发性的卤化钨，在扩散到灯丝附近的高温区域后又受热分解，使钨重新回到灯丝上，如此循环防止了钨的蒸发和灯泡黑化的现象。白炽灯泡的发光效率一般为 8～12lm/W，卤素灯泡的发光效率可达 18～20lm/W，比白炽灯泡高 20% 以上。由于卤钨灯泡体积小、耐高温、发光强度高、使用寿命长，故而目前得到广泛的应用。

（2）反射镜

反射镜的表面形状呈旋转抛物面，如图 4-3 所示，一般由 0.6～0.8mm 的薄钢板冲压或由玻璃、塑料制成。其内表面镀银、铝或镀铬，然后抛光处理。目前反射镜内面采用真空镀铝的较多。

反射镜的作用是将灯泡的散射（直射）光反射成平行光束，使光度大大增强，增强几百倍乃至上千倍，以保证汽车前方 150～400m 范围内有足够的照明，如图 4-4 所示。

图 4-3　半封闭式前照灯的反射镜

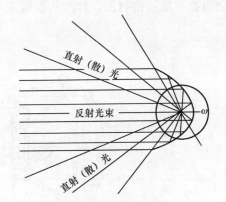

图 4-4　反射镜的作用

（3）配光镜

配光镜又称散光玻璃，由透光玻璃压制而成，是多块特殊棱镜和透镜的组合，外型一般为圆形和矩形，如图 4-5 所示。配光镜的作用是将反射镜反射出的平行光束进行折射，使车前的路面有良好而均匀的照明，如图 4-6 所示。

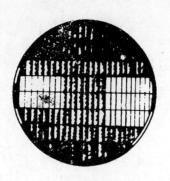

图4-5 配光镜的结构

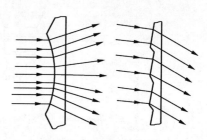

图4-6 配光镜的作用

2. 前照灯的类型

按照安装数量的不同前照灯可分为两灯制前照灯和四灯制前照灯。前者每只灯具有远、近光双光束；后者外侧一对灯为远近双光束，内侧一对灯为远光单光束。

按照安装方式的不同前照灯可分为外装式前照灯和内装式前照灯。前者的整个灯具在汽车上外露安装；后者的灯壳嵌装在汽车车身内，装饰圈、配光镜裸露在外。

按前照灯配光镜的形状不同可分为圆形、矩形和异形前照灯3类。按照发射的光束类型不同可分为远光前照灯、近光前照灯和远近光前照灯3类。

按前照灯反光镜的结构不同，可将其分为可拆卸式、半封闭式、封闭式3种。

（1）可拆式前照灯

该灯气密性差，反射镜易受湿气和尘埃污染而降低反射能力，严重降低照明效果，目前已很少采用。

（2）半封闭式前照灯

半封闭式前照灯的结构如图4-7所示，配光镜靠卷曲反射镜边缘上的齿紧固在反射镜上，两者之间垫有橡胶密封圈，灯泡从反射镜后端装入，灯泡可以互换，目前仍被各国广泛采用。

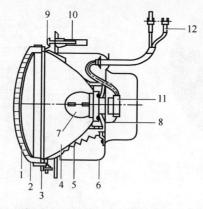

1—配光镜；2—固定圈；3—调整圈；4—反射镜；5—拉紧弹簧；6—灯壳；7—灯泡；8—防尘；

9—调节螺钉；10—调整螺母；11—胶木插座；12—接线片

图4-7 半封闭式前照灯

（3）封闭式前照灯

封闭式前照灯的结构如图 4-8 所示，其反射镜和配光镜用玻璃制成一体，形成灯泡，里面充以惰性气体。全封闭式前照灯反射镜不受大气中灰尘和潮气污染，其发光率较高，一个功率约 30W 的前照灯可产生 750000cd 的照度，且使用寿命长。

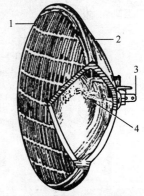

3．其他形式的前照灯

（1）高亮度弧光灯

高亮度弧光灯的结构如图 4-9 所示，这种灯的灯泡里没有灯丝，取而代之的是装在石英管内的两个电极，管内充有氙气及微量金属（或金属卤化物）。在电极上加上 5000～12000V 的电压后，气体开始电离而导电。由气体原子激发到电极间少量水银蒸气弧光放电，最后转入卤化物弧光灯工作，采用多种气体是为了加快启动。

1—配光镜；2—反射镜；3—插头；4—灯丝

图 4-8　封闭式前照灯

弧光式前照灯由弧光灯组件、电子控制器和升压器 3 大部分组成。其灯泡的光色和日光灯相似，亮度是目前卤钨灯泡的 2.5 倍，寿命是卤钨灯泡的 5 倍，灯泡的功率为 35W，可节能 40%。

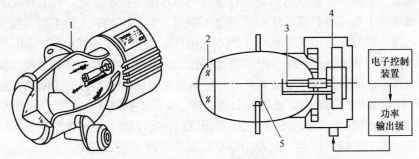

1—总成；2—透镜；3—弧光灯；4—引燃及稳弧部件；5—遮光板

图 4-9　高亮度弧光灯

（2）气体放电灯

近年德国宝马公司和波许公司携手研制了一种更新式的前照灯——气体放电灯。气体放电灯是由小型石英灯泡、变压器和电子控制器组成，通过变压器升压到 0.5 万～1.2 万伏的高压电，激励小型石英灯泡发亮，其亮度比现在用的卤素灯亮 2.5 倍，发出的亮光色调与太阳光十分相似，而且气体放电灯发亮并达到规定的工作温度时，功率消耗只有 35W，比卤素灯低 1/3，非常经济，很适宜用做轿车的前照灯。目前一些中高级轿车已经使用这种气体放电灯。

（3）氙灯

氙灯的结构如图 4-10 所示，这是一种含有氙气的新型前照灯，又称高强度放电灯或气体放电灯，英文简称 HID（High Intensity Discharge Lamp）。目前奔驰 E 级车、宝马 7 系列、丰田凌志、本田阿库拉等高档车都使用了这种新型前照灯。氙灯亮度大，发出的亮色调与太阳光比较接近，消耗功率低，可靠性高，不受车上电压波动影响。

氙灯由小型石英灯泡、变压器和电子单元组成。接通电源后，通过变压器，在几微秒内升压到两万伏以上的高压脉冲电加在石英灯泡内的金属电极之间，激励灯泡内的物质（氙气、少量的水银蒸气、金属卤化物）在电弧中电离产生光亮。由于高温导致碰撞激发，并随压力

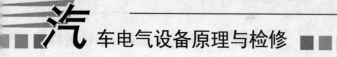

升高使线光谱变宽形成带光谱。灯开关接通的一瞬间，氙灯即产生与 55W 卤素灯一样的亮度，约 3s 达到全部光通量。

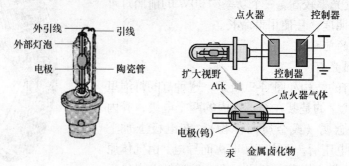

图 4-10 氙灯的结构示意图

氙灯灯泡的玻璃用坚硬的耐温耐压石英玻璃（二氧化硅）做成，灯内充入高压氙气以缩短灯被点亮的时间，灯的发光颜色则由充入灯泡内的氙气、水银蒸气和少量金属卤化物所决定。

电子控制器系统是一个独立的系统，包括变压器和电子控制单元，具有产生点火电压和工作电压两种功能。变压器将低电压变为高电压输出，电子控制单元的主要功能是限制氙灯灯泡的工作电流，向灯泡提供两万伏以上的点火电压和维持工作的低电压（80V 左右）。

氙灯与卤素灯的主要区别在于，前者通过气体电离发光，后者通过加热钨丝发光。虽然氙灯的发光电弧与卤素灯的钨丝长度直径一样，但发光效率和亮度提高了两倍。由于不用灯丝，没有了传统灯易脆断的缺陷，使用寿命也提高了 4 倍。据测试，一个 35W 的氙灯光源可产生 55W 卤素灯两倍的光通量，使用寿命与汽车差不多。因此，安装氙灯不但可以减少电能消耗，还相应提高了车辆的性能，这对于轿车而言具有很重要的意义。

在 20 世纪 90 年代，欧洲开发了 AFS 灯光系统的前照灯，日本开发了 ILS 智能灯光系统。在 AFS 灯光系统中，每只前照灯的组件内有 8 个反射器，在转弯、高速行驶及雨雾天气等不同情况下受控生成能适应各种驾驶环境的灯光模式。但由于其体积较大，存在装配上的局限性，且灯泡更换不方便，因此推广困难。而 ILS 正在向自动控制光线的方向发展，为驾车者提供比较理想的光束模式。这需要引入微电子技术，必须装入先进的电控元件。虽然当前的技术还无法做到这一点，但预测在今后 3 年内，这些技术难题将会得到解决，智能化灯光系统将会陆续面市。

智能化灯光系统能使汽车的前照灯随行驶状况的变化而实时变化，将会出现具有 10～15 种不同光束的前照灯，相对行驶速度和路面而"随机应变"。例如，在高速公路上，汽车的前照灯会照亮前方不宽的区域，要远一点。当汽车行驶在弯道上，车辆转弯时外侧要亮度大些，使驾驶员看清楚弯道情况，而内侧要暗些，为的是不要使对面会车的驾驶员炫目。

（4）LED 车灯

现在汽车照明灯已有白炽灯、卤素灯、氙灯等。除了前照灯外，其他灯具例如小灯、指示灯、厢内照明灯等多采用白炽灯。但近年也流行 LED 做指示灯，例如制动指示灯、转向指示灯等。

4. 汽车前照灯的发展

轿车前照灯有两种功能，一种是照明，另一种是装饰。在将来，相信其主要功能仍将是照明。在今后几年内，前照灯的内在结构将发生一次重大的技术革命，灯具将会装上"脑袋"变成"聪明"的灯，智能化灯光系统将会陆续面市。智能化灯光系统能使汽车的前照灯随行驶状况的变化而实时变化，将会出现具有 10～15 种不同光束的前照灯，相对行驶速度和路面而"随机应变"。例如，当转向盘转向时，会有传感器立即探明车辆要转弯，微电脑接到信息后立即发指令指挥前照灯内的活动组灯，随转向盘的角度变化来更改灯光的投射角度等。

三、前照灯的检测与调整

前照灯在使用过程中，会因灯泡老化、反射镜变暗、照射位置不正而使前照灯的发光强度不足或照射位置不正确，影响汽车行驶速度和行车安全，因此，必须对前照灯进行检测和调整。

前照灯的发光强度是指光源在给定方向上所能发出的光线强度（单位：坎，代号：cd）。汽车每只前照灯远光光束的发光强度有明确的要求。两灯制：12000cd；四灯制：1000cd。测试时，电源系统可处于充电状态。注：采用四灯制的机动车其中两只对称的灯达到两灯制的要求时视为合格。

前照灯的发光强度一般用前照灯检测仪进行检测。它利用光电池受光线照射后产生电动势，再由光度计（实质上是一个电流表）来指示前照灯的发光强度。前照灯的发光强度高，光电池产生的电流大，光度计指示的值就高。

前照灯的光束照射位置是光轴中心相对于前照灯配光镜几何中心在垂直方向偏上或偏下、水平方向偏左或偏右的距离。对于对称配光特性的前照灯，一般把光束最亮区域的中心作为光轴中心，用此检测光束的照射位置。对于非对称配光特性的前照灯，一般以光束明暗截止线交点或中心作为光轴中心，用此检测光束照射位置。前照灯的远光一般都采用对称式配光，光形分布具有水平方向宽、垂直方向窄等特点。前照灯的近光，我国规定采用非对称式配光，光形分布是近光光束最亮部分向右下偏移，在配光屏幕上具有明显的明暗截止线。用屏幕可以检测前照灯的光束照射位置，国家标准对汽车前照灯光束照射位置的规定是：机动车在检验前照灯的近光光束照射位置时，被测车辆空载（允许乘坐一名驾驶员），轮胎气压正常，汽车正对屏幕 10m 处，光束明暗截止线转角或中心的高度应为 $0.6H$～$0.8H$（H 为前照灯中心高度），其水平方向位置向左偏或向右偏均不得超过 100mm。四灯制前照灯远光单束灯的调整，要求在屏幕上光束中心离地面高度为 $0.85H$～$0.90H$，水平位置要求左灯向左或向右偏均不得大于 170mm。前照灯光束照射位置不符合规定要求时应利用上下、左右调整螺钉进行调整，装用远、近双丝灯的前照灯以调整近光光束为主。

用屏幕只能检测前照灯的光束照射位置，不能检测其发光强度。目前汽车维修企业和汽车检测站广泛采用前照灯检测仪来检测前照灯的发光强度和光束照射位置，并据此来检验和调整汽车前照灯的发光强度和光轴偏斜量。前照灯检测仪检测前照灯的光束位置一般是将 4 块光电池组合在一起，位于上、下的光电池接有上下偏斜指示计，位于左、右的光电池接有左右偏斜指示计，当前照灯照射在光电池上后，上下偏斜指示计和左右偏斜指示计将发生摆动，据此可测出前照灯的光束照射位置。前照灯检测仪按测量方法的不同可分为聚光式、屏幕式、投影式、自动追踪光轴式、全自动式等多种，使用方法虽各不相同，但检测原理大同小异，具体的使用方法可以参考其说明书操作。目前应用较多的是全自动式检测仪。

四、前照灯电子控制装置

前照灯是汽车夜间行驶时必不可少的照明设备，为了提高汽车夜间行驶的速度，确保行车安全，不少汽车上采用了前照灯电子控制装置，对前照灯进行自动控制。常用的控制装置有前照灯自动变光器、前照灯昏暗自动发光器以及前照灯关闭自动延时器等。

1. 汽车前照灯自动变光器

汽车前照灯自动变光器是一种根据对方车辆灯光的亮度自动变远光为近光或变近光为远光的自动控制装置。其优点是实现了自动控制，不需要驾驶员操纵，其次是变光器的体积小，性能稳定可靠，且灵敏度高。

在夜间两车相对行驶，当相距 150～200m 时，对方的灯光照射到自动变光器上，就立即自动变远光为近光，从而有效地避免了远光给对方驾驶员带来的炫目，待两车相会后，变光器又自动变近光为远光，汽车即可恢复原来的行驶速度。

图 4-11 所示为具有光敏电阻的自动变光器的电路图。该电路主要由电子电路（包括晶体管 VT_1～VT_6，二极管 VD_1 及电阻 R_1～R_{15}，光敏电阻 R 和继电器组成。为了防止电子电路出故障后影响夜间行驶，还保留脚踏变光开关。

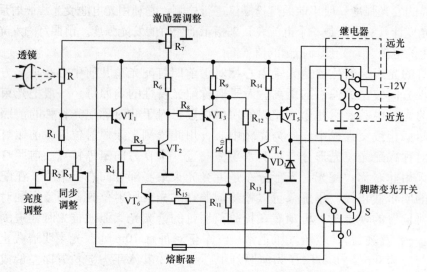

图 4-11　具有光敏电阻的自动变光器的电路

2. 昏暗自动发光控制系统

昏暗自动发光控制系统的功用是，在行驶中当车前自然光的强度减低到一定程度时，自动将前照灯的电路接通，以确保行车安全，同时还有延时关灯的作用。

图 4-12 所示为昏暗自动发光控制系统电路。它主要由光传感器和控制元件及晶体管放大器组件两大部分组成。

3. 前照灯关闭自动延时控制装置

前照灯关闭自动延时控制装置的主要功能是，当汽车夜间停入车库后，为驾驶员下车离开车库提供一段时间的照明，以免驾驶员摸黑走出车库时造成事故。图 4-13 所示为集成电路 ICCSG5551 和继电器 J 组成的前照灯关闭延时装置电路，其延时关闭时间为 50s。

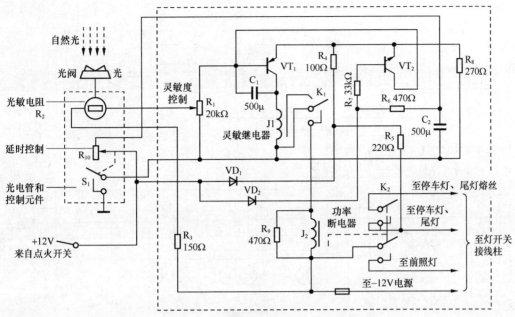

图 4-12 昏暗自动发光控制系统电路

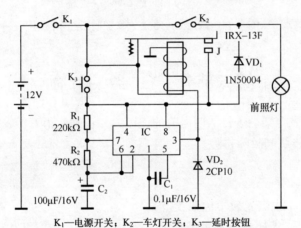

K₁—电源开关；K₂—车灯开关；K₃—延时按钮

图 4-13 前照灯关闭自动延时控制器电路

五、汽车照明电路举例

解放 CA1092 汽车照明系统电路如图 4-14 所示。

车灯开关为拉杆式，开关拉到 I 挡时接通仪表灯、示廓灯电路；开关拉到 II 挡时继电器的磁化线圈通电，继电器的触点闭合，然后电流由继电器到变光开关，由变光开关控制前照灯的远光灯和近光灯，在前照灯电路接通的同时，仪表灯、示廓灯电路继续接通。开关不拉出时，旋转按钮，可接通顶灯。在电路中除设置了多个熔断器外，还设置了前照灯继电器，设置继电器是为了避免前照灯的大电流直接通过车灯开关，以保护车灯开关。

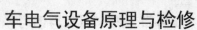

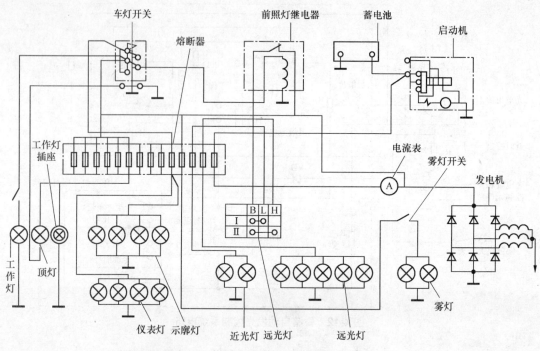

图 4-14　解放 CA1092 汽车照明系统电路

第二部分　任 务 实 施

在桑塔纳 LX 灯光台架上进行照明电路的识读，并正确使用万用表等检测工具，进行桑塔纳 LX 照明电路的检测与故障排除。

一、工具准备

① 桑塔纳 LX 轿车或灯光教学台架。
② 万用表、试灯、连接线、常用工具。

二、技术要求与标准

① 所有操作符合安全操作要求。
② 所有操作符合汽车照明系统维修技术标准。
③ 在操作过程中不允许出现安全事故。

三、完成的工作

1. 进行汽车照明典型电路图的识读（如图 4-15 所示）

（1）车灯开关

车灯开关安装在转向机立柱上，该开关不但有控制灯光的功能，还有控制刮水器的功能，该开关为组合开关。

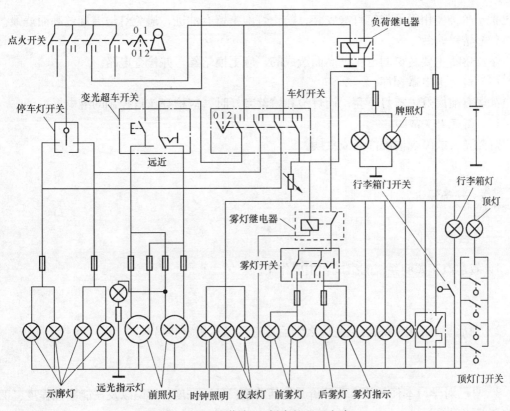

点火开关

停车灯开关
变光超车开关
车灯开关
负荷继电器
牌照灯
远近
行李箱门开关
行李箱灯
顶灯
雾灯继电器
雾灯开关
顶灯门开关

示廓灯　　远光指示灯　　前照灯　时钟照明　仪表灯　前雾灯　后雾灯　雾灯指示

图 4-15　桑塔纳 LX 轿车的照明电路

　　一般汽车的仪表用开关控制,桑塔纳 LX 轿车的仪表灯开关在仪表台的左边;有些高级汽车的仪表灯受光敏晶体管控制,当车内光线暗时,仪表灯会自动明亮,仪表灯的亮度会随车内光线的明暗自动调节。

　　(2) 车灯

　　① 前照灯

　　前照灯由点火开关和车灯开关共同控制,当点火开关为 1 挡位置、车灯开关为 2 挡位置时前照灯亮,可通过变光开关进行远近光的切换。此外,远光灯还由超车开关直接控制,在夜间超车时作超车信号灯用。

　　② 雾灯

　　雾灯开关电路中雾灯继电器线圈由车灯开关控制,雾灯继电器触点由中间继电器控制,而中间继电器由点火开关控制。要使用雾灯,点火开关必须置于 1 挡,使中间继电器通电,为中间继电器触点供电;车灯开关必须置于 1 挡或 2 挡,使雾灯继电器接通,此时雾灯开关才可以控制雾灯。

　　③ 牌照灯

　　牌照灯由车灯开关直接控制,不受点火开关控制,在车灯开关置于 1 挡或 2 挡位置时牌照灯亮。

　　2. 进行汽车照明灯光常见故障的检查及排除

　　(1) 灯泡烧毁

　　如果发现某灯泡经常烧毁应更换其他品牌灯泡和检查该线路。更换灯泡时应将灯泡用面

79

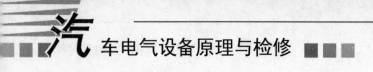

纸擦拭干净，要用面纸包牢灯泡安装，防止灯泡上留有油迹，避免灯泡温度过高而烧毁。

（2）熔丝熔断

熔丝熔断主要是瞬间电压过高而造成的，应更换熔丝，并检查电路。

（3）灯光继电器损坏

如遇有前照灯、雾灯不亮，而灯泡和熔丝完好时，应检查该灯控制的继电器。

（4）灯光开关故障

灯光开关故障视情况修理或更换。

 任务评价

一、自我评价

1．叙述汽车照明系统的组成和主要作用。

2．前后雾灯的作用和特点是什么？后雾灯可以不用安装吗？

3．自己对学习本任务的自我评价（包括着装、学习态度、知识以及技能掌握程度、工作页的填写情况等）。

二、小组评价

序号	评价项目	评价情况		
		好	中	差
1	出勤情况			
2	着装情况			
3	课堂秩序			
4	学习是否积极主动			
5	学习任务书填写			
6	工具、仪器的使用情况			
7	工具整理、现场清理的情况			

三、教师评价

教师的总体评价：

任务二 汽车信号系统的检修

学习目标

◇ 掌握信号系统的组成、功能以及工作的基本过程。
◇ 能够识读典型的信号系统电路图以及根据电路图检修信号系统。
◇ 掌握信号系统更换元件的方法。
◇ 掌握汽车信号系统电路的故障排查方法和技巧，能够排除典型的故障。
建议完成本任务的学时为 8 学时。

内容结构

任务描述

学习汽车信号系统的组成和功用，掌握汽车信号系统的结构和工作原理，熟悉闪光器的工作原理，完成对汽车信号系统电路进行分析和对典型故障进行诊断与排除的任务。

第一部分 任务学习引导

汽车上除照明灯外，为了保证汽车的行车安全，还有用以指示其他车辆或行人的灯光信号标志，这些灯称为信号灯。汽车上的信号装置不仅仅是信号灯，还有电喇叭等一些其他的信号装置。

信号灯分为外信号灯和内信号灯。外信号灯指转向灯、制动灯、尾灯、示廓灯、倒车灯；内信号灯泛指仪表板的指示灯，主要有转向、机油压力、充电、制动、关门提示等仪表指示灯。

一、转向灯与危险警报灯

为指示汽车的行驶方向，汽车上都装有转向信号灯。转向灯系统一般由转向信号灯、转向指示灯、转向开关、闪光器等组成。当汽车要向左或右转向时，通过操纵转向开关，使车辆左边或右边的转向信号灯经闪光器通电而闪烁发光。转向后，回转转向盘，转向盘控制装置可自动使转向开关回位，转向灯熄灭。驾驶员还可以通过操纵危险警报开关使全部转向灯闪亮，发出警示。

转向信号灯一般应具有一定的频闪。我国规定 60~120 次/分，日本对转向闪光灯的规定为（85±10）次/分，要求信号效果要好，而且亮暗时间比（通电率）在 3：2 为佳。

转向信号灯的频闪由闪光器控制，闪光器可根据不同的原理运作。目前使用的闪光器主要有电热式、电容式、电子式。由于电子式闪光器具有性能稳定、可靠性高、使用寿命长的特点，已获得广泛应用。

1. 电热式闪光器

图 4-16 所示为电热式闪光器的外形和电路图。该闪光器串联在电源与转向灯开关之间，有两个接头，分别接电源和转向灯开关。当汽车转向时，接通转向开关，电流从蓄电池"+"极→附加电阻→电热丝→触点臂→转向开关→转向灯及仪表指示灯（左或右）→搭铁→蓄电池"－"极，构成回路。由于附加电阻和电热丝串在电路中，使电流较小，故转向灯不亮。经短时间电热丝（镍铬丝）发热膨胀，使触点闭合，此时电流由蓄电池"+"极→线圈→触点→转向开关→转向灯及转向指示灯（左或右）→搭铁→蓄电池"－"极，构成回路。由于此时附加电阻和电热丝被短路，且线圈中产生的电磁吸力使触点闭合更紧，电路中电阻小电流大，转向灯发出较亮的光。由于此时无电流流经电热丝而使其冷却收缩，又打开触点，附加电阻和电热丝又重新串入电路，灯光变暗。如此反复，使转向灯明暗交替，示意行驶方向，闪光频率（60~90 次/分）可通过调整电热线的电热丝拉力和触点间隙来进行。

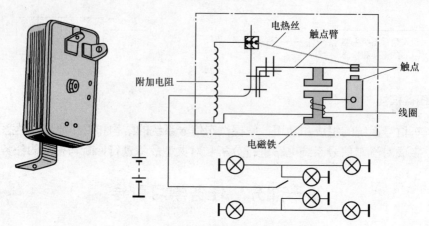

图 4-16　电热式闪光器的外形和电路图

2. 电容式闪光器

图 4-17 所示为电容式闪光器的外形和结构原理图。它串联在电源开关和转向灯开关之间，有两个接线柱（B 和 L），分别接电源开关和转向灯开关。汽车转向时接通转向开关 8，电流经蓄电池"+"极→电源开关 11→接线柱 B→线圈 3→常闭合触点 1→接线柱 L→转向灯开关→转向灯及转向指示灯→搭铁→蓄电池"－"极，构成回路，此时线圈 4、电容 7、电阻 5 被触点 1 短路，而流经线圈 3 所引起的吸力大于弹簧片 2 的作用力，将触点 1 迅速打开，转向灯处于暗的状态（尚未来得及亮）。触点 1 打开后，蓄电池开始向电容器 7 充电，其回路为：蓄电池"+"极→电源开关 11→接线柱 B→线圈 3→线圈 4→电容 7→转向灯开关 8 转向灯及转向指示灯（左或右）→搭铁→蓄电池"－"极。由于线圈丝电阻较大，使充电电流较小，

仍不足以使转向灯亮。与此同时，线圈 3、4 产生的电磁吸力方向相同，使触点 1 继续打开，随着电容器 C 两端电压升高，充电电流逐渐减小，电磁吸力也减小，在弹簧片作用下，触点 1 闭合。触点 1 闭合后，电源通过线圈 3、触点 1、经转向开关 8 向转向灯供电，电容器经线圈 4、触点 1 放电。由于此时线圈 3 和线圈 4 方向相反，产生的电磁吸力减小，不足以使触点 1 打开，此时转向灯亮。随着电容器两端电压下降，流经绕圈 4 的电流减少，产生的退磁作用减弱，线圈 3 产生的电磁吸力又将触点 1 断开，转向灯变暗。蓄电池再次向电容器充电，如此反复，使转向灯以一定的频率闪烁。

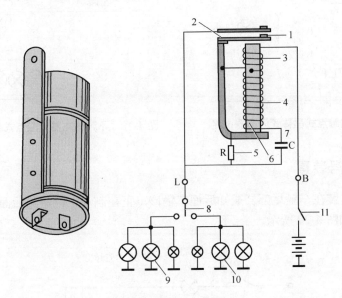

1—触点；2—弹簧片；3、4—线圈；5—灭弧电阻；6—铁芯；7—电容；8—转向灯开关；9—左转向信号灯；
10—右转向信号灯；11—电源开关

图 4-17　电容式闪光器外形和结构原理图

3．电子式闪光器

电子闪光器可分为触点式（带继电器）和无触点式（不带继电器），不带继电器的电子闪光器又称为全电子闪光器。

（1）带继电器触点式晶体管闪光器

如图 4-18 所示，当接通电源开关和转向灯开光后，主线路为蓄电池"+"极→电源开关 SW→接线柱 B→R_1→继电器 J 的触点→接线柱 S→转向开关→转向灯及转向指示灯（左或右）→搭铁→蓄电池"-"极，转向灯亮。当继电器 J 的触点闭合时，转向灯亮，触点断开时，转向灯灭，而触点的闭合与否取决于晶体管的导通状况，电容 C 的充放电使晶体管反复导通截止，这样触点也就时通时断，使转向信号灯闪烁发光。

（2）不带继电器无触点式晶体管闪光器

无触点晶体管闪光器又称全电子式闪光器，即把触点式晶体管闪光器中的继电器去掉，采用大功率晶体管来取代原来的继电器，如图 4-19 所示。本闪光器电路的振荡部分实际上是一个典型的非稳态多谐振荡器，其电路结构对称，也就是说，$R_1 = R_4$、$R_2 = R_3$、$C_1 = C_2$，VT_1 与 VT_2 为同型号的晶体管，且其参数相同。闪光器的输出级采用一只大功率晶体管 VT_3。当 VT_3 导通时，可将转向灯电路接通，使灯点亮；当 VT_3 截止时，转向灯电路被切断而使灯变暗，从而发出频率为 70～90 次/分的闪光信号。

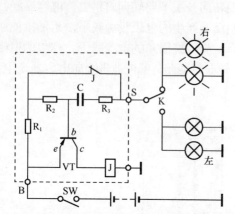

图4-18　带继电器触点式晶体管闪光器电路

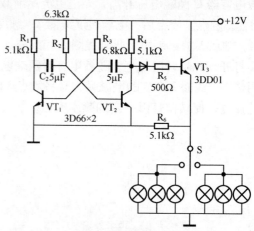

图4-19　不带继电器无触点式晶体管闪光器

二、制动信号装置

制动信号灯安装在车辆尾部，通知后面车辆该车正在制动，以避免后面车辆与其后部相撞，其简化电路如图 4-20 所示。

图4-20　制动信号灯电路示意图

由电路图可知，制动信号灯由制动开关控制，从控制的方式不同可分为：气压式、液压式和机械式 3 种。其中气压式和液压式制动开关一般装于制动管路中，工作情况都是利用气压或液压使开关中两接线柱相连，从而导通制动信号灯电路，这两种开关经常在载重货车上使用。小型轿车经常使用机械式开关，一般安装于制动踏板下方，当踩下制动踏板时，制动开关内的活动触点便将两接线柱接通，使制动灯点亮；当松开踏板后，断开制动灯电路。

图 4-21 所示为制动灯监视电路，用以监视制动灯的工作情况。

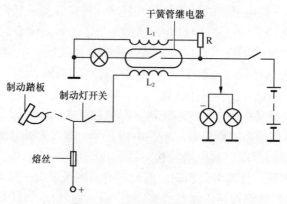

图4-21　为制动灯监视电路

制动灯监视电路工作原理如下：当踩下制动踏板时，电源经熔丝、线圈 L_2 到制动信号灯搭铁成回路，制动灯亮，但流过线圈 L_2 所产生的磁场，还不足以闭合干簧管继电器触点。但在点火开关接通的情况下，经可调电阻 R、线圈 L_1、搭铁形成回路，使 L_1 中也产生磁场。这两个磁场叠加时，干簧管继电器触点才闭合，12V 电压加在指示灯上，表示制动灯的工作正常。当一只制动灯损坏时，流过 L_2 的电流减小一半，磁场减弱，干簧管继电器触点不闭合，指示灯不亮，表示制动灯有故障。监视指示灯的灵敏度可一次调整好，踏下制动踏板时，制动灯开关接通，调整可调电阻 R，直到干簧管触点闭合为止。为了模拟故障，可将一个制动灯拆下，这时，再踏下制动踏板时，指示灯应不亮。在制动灯电路中，短路的情况比较少见。由于制动灯电路有熔丝，当短路时，熔丝烧断，这时，踏下制动踏板时，指示灯也不亮。

三、倒车信号装置

汽车倒车时，为了警告车后的行人和车辆的驾驶员，在汽车的后部常装有倒车灯、倒车蜂鸣器或语音倒车报警装置，这些装置都由装在变速器盖上的倒车开关自动控制。

倒车开关的结构如图 4-22 所示，当把变速杆拨到倒挡时，由于倒车开关中的钢球 1 被松开，在弹簧 5 的作用下，触点 4 闭合，于是倒车灯、倒车蜂鸣器或语音倒车报警器便与电源接通，使倒车灯发出闪烁信号、蜂鸣器发出断续鸣叫声、语音倒车报警器发出"倒车，请注意"的提示音。

倒车蜂鸣器是一种间歇发声的音响装置，其发声部分装用的是一只功率较小的电喇叭，控制电路是一个由无稳态电路和反相器组成的开关电路。图 4-23 所示为一种倒车蜂鸣器电路图。

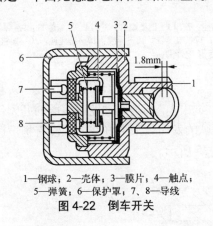

1—钢球；2—壳体；3—膜片；4—触点；
5—弹簧；6—保护罩；7、8—导线
图 4-22　倒车开关

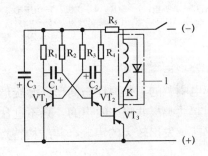

图 4-23　倒车蜂鸣器电路图

四、喇叭系统

目前汽车上所装用的喇叭多为电喇叭，主要用于警告行人和其他车辆，以引起注意，保证行车安全。

喇叭按发音动力有气喇叭和电喇叭之分；按外形有螺旋形、筒形和盆形之分；按声频有高音和低音之分；按接线方式有单线制和双线制之分。

气喇叭是利用气流使金属膜片震动产生音响，外形一般为筒形，多用在具有空气制动装置的重型载重汽车上。电喇叭是利用电磁力使金属膜片震动产生音响，其声音悦耳，广泛使用于各种类型的汽车上。

电喇叭按有无触点可分为普通电喇叭和电子电喇叭。普通电喇叭主要是靠触点的闭合和断开，控制电磁线圈激励膜片震动而产生音响的；电子电喇叭中无触点，它是利用晶体管电路激励膜片震动产生音响的。

在中小型汽车上，由于安装的位置限制，多采用盆形电喇叭。盆形电喇叭具有体积小、质量轻、指向好、噪声小等优点。

1. 汽车电喇叭的结构及工作原理

（1）筒形、螺旋形电喇叭

筒形、螺旋形电喇叭的构造如图 4-24 所示。其主要机件有山形铁芯线圈、衔铁、膜片、共鸣板、扬声筒、触点以及电容器等。膜片和共鸣板借中心杆与衔铁、调整螺母、锁紧螺母连成一体。通过线圈的通断使得膜片不断震动，从而发出一定音调的音波，由扬声筒加强后传出。

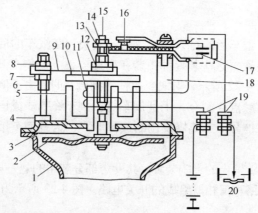

1—扬声筒；2—共鸣板；3—膜片；4—底板；5—山形铁芯；6—线螺柱；7、13—调整螺钉；8、14—锁紧螺母；9—弹簧片；10—衔铁；11—线圈；12—锁紧螺母；15—中心杆；16—触点；17—电容器；18—导线；19—接线柱；20—按钮

图 4-24　筒形、螺旋形电喇叭

（2）盆形电喇叭

盆形电喇叭的工作原理与筒形、螺旋形电喇叭的相同，都是通过控制线圈的开闭使得膜片震动引起共鸣板共鸣来发声的。只不过盆形电喇叭的发声效果更好些，在没有扬声筒的情况下，仍能够发出较大的声响。其结构特点如图 4-25 所示。

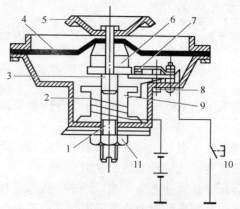

1—下铁芯；2—线圈；3—上铁芯；4—膜片；5—共鸣板；6—衔铁；7—触点；8—调整螺母；9—铁芯；10—按钮；11—锁紧螺母

图 4-25　盆形电喇叭

（3）电子电喇叭

图 4-26 所示为盆形电子电喇叭的结构，其电路如图 4-27 所示。

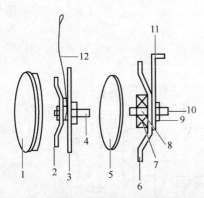

1—罩盖；2—共鸣板；3—绝缘膜片；4—上衔铁；
5—绝缘垫圈；6—喇叭体；7—线圈；8—下衔铁；
9—锁紧螺母；10—调节螺钉；11—托架；12—导线

图 4-26　盆形电子电喇叭的结构

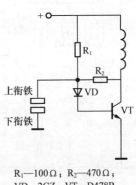

R_1—100Ω；R_2—470Ω；
VD—2CZ；VT—D478B

图 4-27　WDL-120G 型电子电喇叭电路

由于用晶体管取代了触点，避免了触点烧蚀等故障的产生，使得电喇叭的工作性能更为可靠。

2. 电喇叭的发展

随着科技的不断发展，一种新型喇叭——"环保喇叭"问世了。它采用语言压缩技术，由集成电路制成，是一种结构简单、制作容易、耗能少、无噪声污染、低分贝、声音轻细柔和、音质悦耳动听的门铃式发音装置。"环保喇叭"不需要更改汽车线路设备，直接并联到警示灯上。只要按下警示灯开关，就有声音、灯光双重提示，既完善了汽车警示功能，又解决了城市禁鸣喇叭的难题。

五、汽车信号电路举例

1. 桑塔纳轿车转向及警告系统电路

（1）电路组成

桑塔纳轿车转向信号灯及危险警告灯系统电路如图 4-28 所示。主要由危险警告灯开关、电子闪光器、转向信号开关、转向信号灯灯泡及熔丝等组成。

（2）电路工作原理

① 供电

转向信号灯与危险警告灯共用一只电子闪光器。转向信号灯由点火开关控制的"15"号线经熔断器 FUS19 供电。危险警告灯电源直接由蓄电池经熔断器 FUS4 供电（"30"，号线为不受点火开关控制的电源线）。

② 接通危险警告开关

当该开关接通后，电流由蓄电池正极→30 号线→熔断器 FUS4→中央接线盘 B28 插头（图 4-28 中中央接线盘均未画出，以下同）→警告灯开关 30 接柱→警告灯开关 49 接柱→中央接线盘 A18 插头→闪光器 1/49 接柱→闪光器 3/49a 接柱→中央接线盘 A10 接柱→警告灯开关 49a、L、R 接柱→中央接线盘 A7、A20 接柱→中央接线盘 E1、C8、E6、C19 接柱→转向

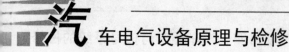

灯泡→蓄电池负极，警告灯闪亮。

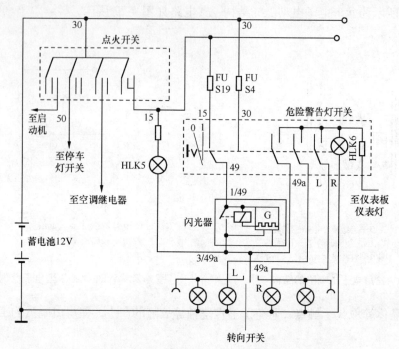

图 4-28　桑塔纳轿车转向信号灯及危险警告灯系统电路

③ 接通转向信号灯开关

蓄电池正极电流→30 号线→点火开关 15 号线→中央接线盘 G2 接柱→熔断器 FUSl9→中央接线盘 A13 接柱→警告灯开关 15 接柱→49 接柱→中央接线盘 A18 接柱→闪光器 1/49 接柱→闪光器 3/49a 接柱→中央接线盘 A10 接柱。

此时，危险警告灯开关处于断开位置，电流走向如下。

a．左转向灯：转向灯开关 49a 接柱→转向开关 L 接柱→中央接线盘 A20 接柱→中央接线盘 E6 接柱斗中央接线盘 C19 接柱→左前、左后转向灯泡→搭铁→蓄电池负极。

b．右转向灯：转向灯开关 49a 接柱→转向开关 R 接柱→中央接线盘 A7 接柱→中央接线盘 E11 接柱→中央接线盘 C8 接柱→右前、右后转向灯泡→搭铁→蓄电池负极。

④ 报警灯

危险警告灯开关内的照明灯泡是经仪表板调光电阻 E20 通电的。平时较暗，接通危险警告灯时，灯泡点亮。闪光器使用三接线柱及带集成电路的有触点式继电器，当转向灯工作而有一只灯泡损坏时，闪光速度加快，以示要检查更换灯泡。闪光继电器位于中央接线盘上的 12 位。

2．捷达轿车转向及危险警报电路

（1）电路组成

捷达轿车转向及危险警报电路如图 4-29 所示。

（2）电路工作原理

① 转向信号

当点火开关处于 I 挡，并拨动转向开关，蓄电池（+）→点火开关触点→熔断器 S15

→转向指示灯→转向开关的触点 49a→转向开关→左（或右）侧转向灯→搭铁→蓄电池（–），转向指示灯亮。由于这一电流较小，故转向灯不亮。当闪光器触点闭合时，转向灯亮。其电流由蓄电池（+）→点火开关→熔断器 S17→危险警报灯开关常闭触点→闪光器接点 49→49a→转向开关左（或右）触点→转向灯→搭铁→蓄电池（–）。这时转向指示灯两端电位差为零，转向指示灯灭。因此，转向指示灯的频闪状态与转向信号灯相反。

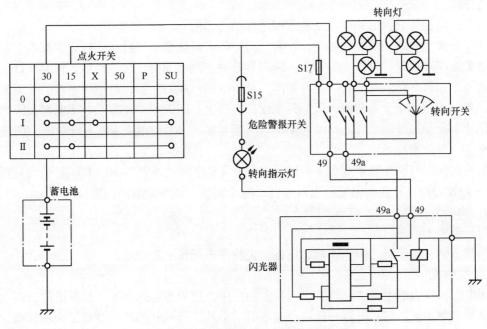

图 4-29　捷达轿车转向及危险警报电路

② 危险警报

当汽车有紧急情况时，按下危险警报开关，则所有转向灯一起闪烁。其电流由蓄电池（+）→危险警报开关（图 4-29 左）→闪光器接点 49→49a→危险报警开关（图 4-29 右）→所有转向灯→搭铁→蓄电池（–）。从这一线路可知无论点火开关处于什么位置，只要按下危险警报开关，危险报警灯（即转向灯）都可以工作。

六、典型故障诊断与排除

1. 转向灯系统的典型故障诊断与排除

（1）转向灯全不亮故障的诊断与排除

首先用电压表检测闪光器电源接线柱上的电压，点火开关的位置为"ON"时，应为 12～14V。如果电压正常，则应拆下闪光器 B、L 两接线柱上的导线，并连接在一起，拨动转向开关：如转向灯亮但不闪，则表示闪光器已坏；如转向灯仍不亮，将电源直接引到转向灯接线柱，若灯亮，则闪光器至转向开关间导线断路或转向开关损坏；如转向灯一边亮一边不亮，则不亮的一边转向灯至转向开关之间的导线断路或搭铁。如果闪光器电源接线柱上的电压不正常，则为电源断路。

（2）转向信号灯单边亮度和闪光失常故障的诊断与排除

故障现象为：将转向灯开关拨至某转向指示一边时（如左转向），左边转向信号灯的亮度和闪光正常，而拨向右转向指示一边时，两边的转向灯都发光微弱。出现这种故障，大多是不正常一边的灯泡搭铁不良所致。因为现在多数汽车上转向灯和小灯（示廓灯）是采用一只双丝灯泡。

遇到此类故障现象时，可将转向开关放在空挡，开小灯进行检验。如出现一边小灯的亮度正常，另一边小灯的亮度暗淡，表明亮度暗淡一边的小灯搭铁不良。接好该灯的搭铁，故障即可排除。

（3）转向信号灯闪烁频率不正常故障的诊断与排除

故障现象为：拨动转向灯开关，左右转向灯的闪烁频率不一致或闪烁频率都不正常。当遇到这类故障现象时，应检查闪光器、转向灯开关接线柱上接线是否松动，转向灯灯泡功率是否与规定相符，左右灯泡功率是否相同。对于电热丝式闪光器，灯泡功率对闪烁频率影响很大，若灯泡功率小于规定值，闪烁频率就低；反之，闪烁频率就高。对于电容式闪光器，则灯泡功率大，闪烁频率低；灯泡功率小，闪烁频率高。若灯泡功率都符合规定，则应检查是否有某一只灯泡烧坏。

若左右转向灯闪光频率都高于或低于规定值（安全标准规定为 50～120 次/分，一般标准为 80～90 次/分），一般为闪光继电器失调，应予调整，调整无效的应更换新件。

2. 喇叭的典型故障诊断与排除

（1）喇叭不响

当按下喇叭按钮时，喇叭不响，应按一定程序进行诊断和排除。

① 喇叭无声

用电压表检查继电器"电池"接线柱上的电压，应为蓄电池电压。如不正常，则电源线路断路或接触不良，应按电池→保险→继电器"电池"接线柱的顺序查找原因和修理。

② 喇叭"嗒"一声后不响

原因为喇叭触点烧蚀，不能打开，灭弧电阻或触点间短路。

（2）喇叭声响不正常

当按下喇叭按钮时，喇叭音响沙哑、发闷或刺耳，应从引起故障的外部原因着手。首先检查蓄电池存电是否充足。如蓄电池电量充足，则为喇叭及其电路有故障，其排除方法如下。

① 用跨接线将喇叭壳体搭铁，按下按钮，如声音正常，则为喇叭搭铁不良。

② 用跨接线将继电器"按钮"接线柱搭铁。如声音正常，则为喇叭按钮烧蚀，搭铁不良，应对其检查和修理。

③ 用螺钉旋具短接继电器的"电池"与"喇叭"两个接线柱。如喇叭声音正常，则应检查继电器触点是否烧蚀；若喇叭声音不正常，则故障在喇叭内部，应拆下检修。

④ 拆下喇叭盖罩，检查触点是否烧蚀或接触不良。如果修磨触点和调整接触状态后，喇叭声音仍不正常，则检查调整衔铁与铁芯的间隙和触点间隙以及各零件的技术状态。

⑤ 喇叭声音不正常，应以调整衔铁与铁芯间隙为主。调整时先检查衔铁是否平整。当声音尖锐刺耳时，应增大衔铁与铁芯的间隙；如声音低哑，应适当减小间隙。由于该间隙与触点间隙相互影响，所以在调妥该间隙后，还应调整触点间隙，使工作电流略小于规定电流。触点间隙调整后又会影响该间隙的大小，因此要反复调整，使两者均达到规定值。当调整无效时，应进而拆检膜片。若膜片损坏，应更换。

第二部分　任务实施

　　在桑塔纳 LX 轿车灯光台架上进行灯光信号电路的识读，并正确使用万用表等检测工具，进行桑塔纳 LX 轿车灯光信号电路的检测与故障排除。

一、工具准备

① 桑塔纳 LX 轿车或灯光信号教学台架。

② 万用表、试灯、连接线、常用工具。

二、技术要求与标准

① 所有操作符合安全操作要求。

② 所有操作符合汽车信号系统维修技术标准。

③ 在操作过程中不允许出现安全事故。

三、完成的工作

　　在汽车灯光台架上进行转向信号灯光故障的排除。

1．故障现象：两侧转向灯闪烁频率不同

故障原因：① 两侧灯泡的功率不等；② 有灯泡坏。

排除方法：检查灯泡型号。

2．故障现象：两侧转向灯同时亮

故障原因：转向开关失效。

排除方法：检查转向开关。

3．故障现象：转向灯常亮不闪

故障原因：① 闪光器损坏；② 接线错误。

排除方法：检查闪光器及电路接线。

4．故障现象：闪频过高或过低

故障原因：① 灯泡功率不当；② 闪光器工作不良，触点间隙过大或过小；③ 电源电压过高或过低。

排除方法：检查灯泡；更换闪光器，调整触点；调整电压调节器。

 **任务评价**

一、自我评价

1．汽车信号系统的组成以及对行车的作用是什么？

2．归纳检修汽车信号系统的方法和技巧。

3．自己对学习本任务的自我评价（包括着装、学习态度、知识以及技能掌握程度、工作页的填写情况等）。

二、小组评价

序号	评价项目	评价情况		
		好	中	差
1	出勤情况			
2	着装情况			
3	课堂秩序			
4	学习是否积极主动			
5	学习任务书填写			
6	工具、仪器的使用情况			
7	工具整理、现场清理的情况			

三、教师评价

教师的总体评价：

项目五　汽车仪表与报警系统的检修

任务一　汽车仪表系统的检修

学习目标

◇ 掌握汽车仪表系统的组成和功能。
◇ 掌握汽车仪表系统的工作原理。
◇ 能独立或合作完成汽车仪表系统的拆卸和安装。
◇ 能独立或合作完成汽车仪表系统的检测工作。
◇ 能分析汽车仪表系统的典型故障。
建议完成本任务的学时为 8 学时。

内容结构

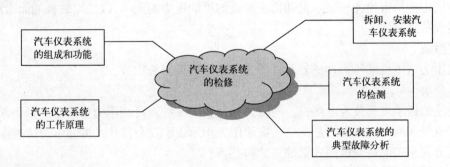

任务描述

学习汽车仪表组成及原理，完成对汽车仪表拆装和检测以及解决仪表系统的故障的任务。

第一部分　任务学习引导

汽车仪表系统是汽车的重要系统之一，它能集中、直观、迅速地反映汽车在行驶过程中的各种动态指标，以便驾驶员随时掌握车辆的各种状况，并及时发现和排除潜在的故障。

传统仪表广泛使用组合式模拟显示仪表，各种测量仪表集中在驾驶员座位前方的仪表板上，不同汽车仪表板的仪表不尽相同。图 5-1 所示为典型的组合式汽车仪表板。常用的仪表

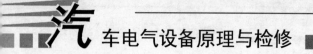
有车速里程表、发动机转速表、机油压力表、水温表、燃油表和电压表等。其中大部分仪表通过传感装置获得被监测对象的状态变化而直接表述出来。

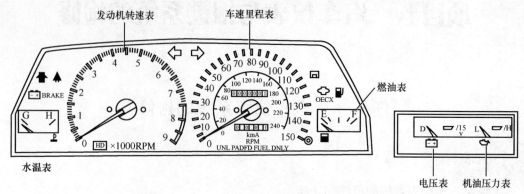

图 5-1 汽车仪表

随着汽车电子技术的发展，多功能、高精度、高灵敏度、读数直观的电子数字显示及图像显示的仪表已不断应用在汽车上。汽车仪表的功能已不仅仅是单纯的显示，而是通过对汽车各部件参数的监测和微电脑处理相配套，从而达到控制汽车各种运行工况的目的。

一、传统汽车仪表系统的组成和工作原理

1. 机油压力表

（1）作用

机油压力表用来检测和显示发动机主油道的机油压力的大小，以防因缺机油而造成拉缸、烧瓦的重大故障发生。

（2）组成

机油压力表由机油压力传感器和机油压力指示表两部分组成。

（3）分类

机油压力指示表可分为电热式、电磁式和弹簧式 3 种。机油压力传感器可分为双金属片式和可变电阻式两种。常用的是电热式机油压力指示表配双金属片式机油压力传感器和电磁式机油压力指示表配可变电阻式机油压力传感器。

（4）电热式机油压力表工作原理

机油压力表的工作有 3 种情况。其一是当无机油压力时，传感器中的双金属元件上的触点断开，此时接通点火开关，也无电流经过触点，故指针保持在 "0" 位不动，如图 5-2 所示。其二是当机油压力低时，此时膜片会推动触点而产生轻微接触，使电流经过传感器和显示器中的电热丝。由于触点的接触压力很小，所以极弱的电流便可使传感器的双金属元件发生翘曲而断开触点，显示器的双金属元件的温度便不会上升，只会轻微翘曲，结果使指针偏转量很微小。其三是当机油压力高时，此时膜片会强力推动触点，使双金属元件与触点的接触压力增大，要通过很强的电流才能断开，所以整个线路的平均电流增大，使显示器的双金属元件的温度上升，翘曲度增大，从而带动指针大幅度偏转，如图 5-3 所示。

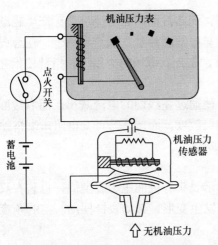

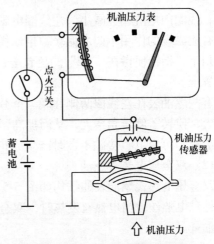

图 5-2 无机油压力时的工作情况　　　　图 5-3 机油压力高时的工作情况

2. 燃油表

燃油表用来指示汽车油箱内储存燃油量的多少，由装在仪表板上的燃油指示表和装在燃油箱内的传感器两部分组成。燃油表有电磁式、双金属电热式等类型，传感器均为可变电阻式。

（1）电磁式燃油表

电磁式燃油表的结构如图 5-4 所示。指示表中有左、右两只铁芯，铁芯上分别绕有线圈，中间置有转子，转子上连有指针。传感器由可变电阻、滑片和浮子组成。浮子浮在油面上，随油面的高低而改变位置。

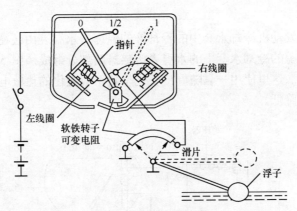

图 5-4 电磁式燃油表

点火后，电流由蓄电池正极经左线圈后分流，一路经右线圈搭铁构成回路；另一路经可变电阻、滑片搭铁构成回路。电流通过左线圈和右线圈时，产生电磁吸力并形成合成磁场，转子在合成磁场的作用下转动，使指针指在某一刻度上。

油箱无油时，浮子下沉，可变电阻被短路，此时右线圈两端搭铁也被短路，故无电流通过，而左线圈在全部电源电压的作用下，通过的电流达最大值，产生的电磁吸力最强，吸住转子，使指针停在最左边的"0"位上。

随着油箱中油量的增加，浮子上浮，带动滑片移动。可变电阻部分接入，左线圈因串联电阻，线圈内电流相应减小，左线圈电磁吸力减弱，而右线圈中有电流流过，产生磁场。转子在合成磁场的作用下向右偏转，带动指针指示油箱中的燃油量。油箱半满时，在合成磁场的作用下，指针便指在"1/2"的位置上；油箱满时，在合成磁场的作用下，指针便指在"1"的位置上。

有些燃油表在左线圈两侧并联一个分流电阻，使通过左线圈的电流减小，而右线圈的电流增大，使转子偏转角增大，从而提高了燃油表的灵敏度。而传感器可变电阻末端搭铁，可避免滑片与可变电阻接触不良时产生火花而引起火灾。

（2）双金属电热式燃油表

双金属电热式燃油表的结构如图 5-5 所示。指示表头与机油压力表类似，也装有双金属片元件和电热丝。当电热丝发热时，双金属片元件发生变形，带动表针摆动一定的角度，以显示油量。

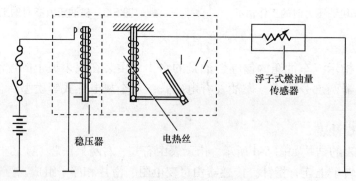

图 5-5　双金属电热式燃油表

3．水温表

水温表用来指示发动机冷却水套中的冷却液的温度。水温表由装在仪表板上的水温指示表和装在发动机汽缸盖的冷却水套上的水温表传感器两部分组成。图 5-6 所示为带稳压器的双金属式水温表电路。这里使用一只随温度变化呈负系数变化的热敏电阻检测水温，其特性为温度升高，电阻值降低。

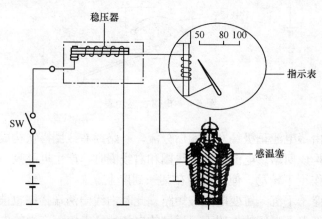

图 5-6　带稳压器的双金属式水温表电路

4．车速里程表

车速里程表是用来指示汽车的行驶速度和累计行驶里程的仪表，由车速表和里程表两部分组成，普通车速里程表一般为磁感应式，其结构如图 5-7 所示。

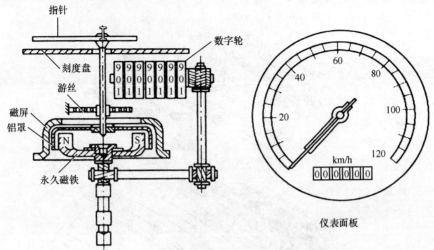

仪表面板

图 5-7　磁感应式车速里程表

车速里程表主要由永久磁铁、铝罩、护罩、刻度盘和表针等组成。永久磁铁与主动轴紧固在一起，主动轴由来自变速器输出轴的挠性软轴驱动，指针、铝罩固接在中心轴上，刻度盘固定在表外壳上。不工作时，铝罩在游丝的作用下，使指针位于"0"位。当汽车行驶时，软轴驱动主动轴带动 U 形永久磁铁旋转，在铝罩上感应出电涡流而产生磁场，这个磁场与永久磁铁的旋转磁场相互作用产生扭矩，使铝罩向永久磁铁旋转方向转过一定角度，直到由游丝的弹力所产生的反方向扭矩与之平衡。车速越高，产生的扭矩越大，指针在刻度盘上摆动的角度就越大，即指示的车速就越高。

车速里程表主要由涡轮蜗杆和数字轮组成，当汽车行驶时，主动轴经 3 对涡轮蜗杆驱动数字轮上的最右侧的第一个数字轮（一般为 1/10km），任意一个数字轮与左侧相邻的数字轮传动比都为 10：1，这样显示的数字呈十进位递增，便自动累积了汽车总的行驶里程。

二、电子仪表的组成与工作原理

电子仪表的作用与常规机电模拟式的仪表基本相同，都是从各种传感器接收信号，并将信号经处理后通过显示器显示数据，使驾驶员了解车辆的速度、发动机转速、燃油量、冷却液的温度等。不同的是：电子仪表是通过仪表中的微电脑和各种集成电路处理各种传感器的信号，然后以数字形式在真空荧光显示器显示出来。电子仪表的零部件以及功能示意图如图 5-8 所示，其大体组成可分为各种传感器、微电脑、集成电路和真空荧光显示器等，下面分别介绍。

1. 传感器

（1）车速传感器

车速传感器如图 5-9 所示，其中有一内置光电耦合器，将发光二极管和光敏晶体管组合在一起。在发出光线的二极管和接收这些光线的光敏晶体管之间，有一个开有 20 条狭槽的转轮旋转。开槽转轮连接在车速表传动软轴上，其转动速度根据车速的快慢而增减。当开槽转轮转动时，不停地隔断发光二极管和光敏晶体管之间的光线，从而使光敏晶体管时通时断，

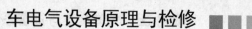

并因此也使晶体管时通时断。这使晶体管将 20 个 PPR（每转动一周地脉冲数）的信号传输至微电脑端子，使微电脑得知车速。

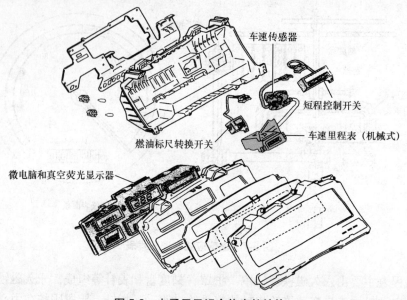

图 5-8   电子显示组合仪表的结构

（2）英里/公里转换开关

在某些国家车辆使用短程控制开关。短程控制开关示意如图 5-10 所示，其上装有英里/公里显示转换开关。按下该开关，便可以在车速表上交替显示出"英里/小时"和"公里/小时"。当断开英里/公里显示转换开关，也就是断开微电脑相应的端子，车速表仅以公里/小时显示车速。反之，端子闭合时，车速表仅以英里/小时显示车速。

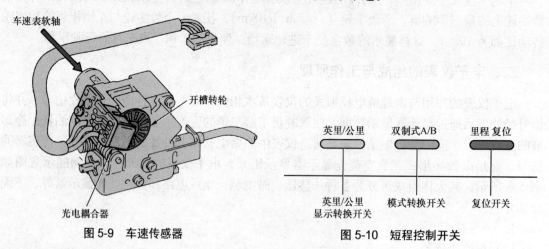

图 5-9   车速传感器   图 5-10   短程控制开关

（3）短程复位开关

此开关是与短程里程表相配合使用的，按下该复位开关，便接通了复位开关的触点，让相应的端子接地，从而将目前显示的数据复位归零。松开复位开关，各触点便会断开，短程里程表重新开始计算距离。

（4）短程模式转换开关

此开关也是与短程里程表配合使用的，按下模式转换开关（A/B）便可接通该开关的触点，使相应的端子接地，从而将 A 模式转换为 B 模式或从 B 模式转回 A 模式（放开模式转换开关时，各触点断开）。在某些国家使用的车辆上，英里/公里转换开关安装在双制式短程里程表内，按下转换开关，便可将短程表上的英里显示变成公里显示。转换开关与车速里程表的显示器连接在一起。

2．各显示表的原理

（1）车速表

车速表的工作原理如图 5-11 所示，微电脑通过在一段预定的时间内从车速传感器传出的脉冲信号来计算车速，然后使真空荧光显示器发光，显示车速，同时可以通过英里/公里转换开关切换单位。在某些国家使用的车辆上装有车速警报器，当车速达到或超过 125km/h（78mile/h）时，微电脑内的晶体管便反复接通和断开，使警报器发出警告蜂鸣。

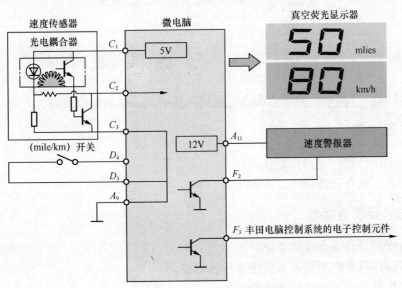

图 5-11　车速表的原理示意图

（2）双制式短程里程表

双制式短程里程表的工作原理如图 5-12 所示，是由微电脑计算车速传感器发出的速度信号，计算出行驶距离，然后将计算结果由真空荧光显示器显示在短程里程表上，可以通过复位开关进行复位归零，还可以通过模式转换开关转换模式。

三、汽车仪表故障诊断

当仪表不工作或工作不良时，应对其线路、机械传动装置和传感器进行检查。线路的通断情况可用万用表或试灯进行检查；机械传动装置用常规的检查方法检查即可；传感器的检查相对复杂，故本部分以传感器的检查为主。若线路、机械传动装置及传感器工作正常，而仪表不工作或工作不正常，则应更换仪表。

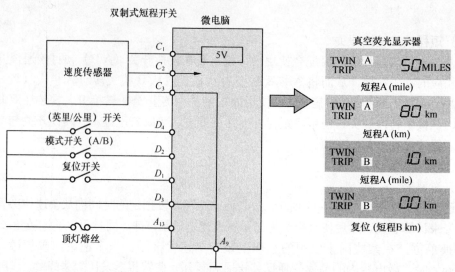

图 5-12 双制式短程里程表原理示意图

第二部分 任 务 实 施

在任务实施的过程中，将学习的内容运用到其中去，做到学以致用。

一、工具准备

① 整车电路台架、专用诊断仪。
② 万用表、试灯、连接线、常用工具。

二、技术要求与标准

① 所有操作符合安全操作要求。
② 所有操作符合汽车仪表系统维修技术标准。
③ 在操作过程中不允许出现安全事故。

三、要完成的工作

对一辆发生故障的汽车仪表台架进行检查，主要的检查项目如下。
① 汽车转速表系统部件与电路认识。
② 汽车燃油表系统部件与电路认识。
③ 汽车冷却液温度表系统部件与电路认识。
④ 汽车机油压力表系统部件与电路认识。
⑤ 汽车车速里程表系统部件与电路认识。
⑥ 用专用诊断仪进行仪表诊断。
⑦ 根据仪表系统的连接情况，绘制出接线简图。

 任务评价

一、自我评价

1. 总结在汽车仪表中引起仪表显示故障的主要原因及相关部件。

2. 本任务给你印象最深的是什么?

3. 自己对学习本任务的自我评价(包括着装、学习态度、知识以及技能掌握程度、工作页的填写情况等)。

二、小组评价

序号	评价项目	评价情况		
		好	中	差
1	出勤情况			
2	着装情况			
3	课堂秩序			
4	学习是否积极主动			
5	学习任务书填写			
6	工具、仪器的使用情况			
7	工具整理、现场清理的情况			

三、教师评价

教师的总体评价:

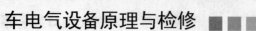
任务二　汽车报警系统的检修

学习目标

◇ 掌握汽车报警系统的工作原理。
◇ 掌握汽车报警系统的电路分析方法。
◇ 独立或合作完成汽车报警系统的检测工作。
◇ 能分析汽车报警系统的典型故障。
建议完成本任务的学时为4学时。

内容结构

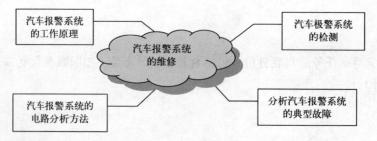

任务描述

　　学习汽车报警系统的结构、工作原理及其电路的分析方法，完成正确识读汽车报警系统的电路图，排除汽车报警系统常见故障的任务。

第一部分　任务学习引导

一、汽车报警装置的组成与原理

报警装置一般均由传感器和红色警告灯组成。

1. 机油压力报警装置

弹簧管式机油压力警告灯电路，如图5-13所示。

　　传感器金属壳体内有一弹簧管，弹簧管一端管接头与发动机润滑油道相通，另一端则焊接动触点，静触点经接触片与接线柱相连。当发动机润滑系统主油道的机油压力低于0.05～0.09MPa时，弹簧管变形小，动、静触点接触，接通警告灯电路，使警告灯点亮，以提请驾驶员注意并及时停止发动机的运转。当润滑系主油道的机油压力高于0.05～0.09MPa时，弹簧管变形大，动、静触点分离，切断警告灯电路，使警告灯熄灭，说明润滑系统工作正常。

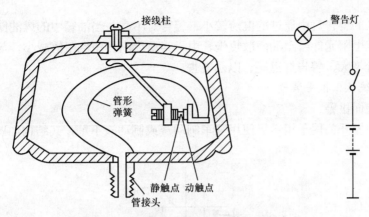

图 5-13　弹簧管式机油压力警告灯电路

2. 冷却液温度报警装置

冷却液温度警告灯电路如图 5-14 所示。

触点式传感器中的核心元件为双金属片。当冷却液的温度达到 95～98℃时，双金属片向静触点方向弯曲，使两触点接触，红色警告灯点亮，表示发动机过热。

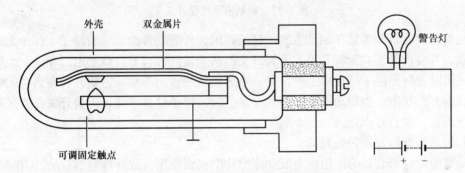

图 5-14　冷却液温度警告灯电路

3. 燃油量报警装置

热敏电阻式燃油油量警告灯电路如图 5-15 所示。

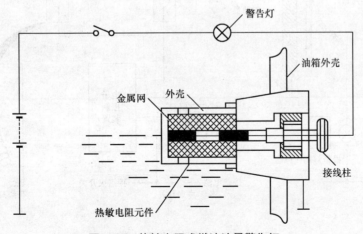

图 5-15　热敏电阻式燃油油量警告灯

当油箱中的燃油储量多时，热敏电阻元件浸在燃油中散热快，由于其温度低，使电阻值

增大，与其串联的警告灯中通过的电流较小，警告灯不亮。当油箱中的燃油储量减少到规定值以下时，热敏电阻元件露出油面散热慢，由于其温度高，使电阻值减小。与其串联的警告灯中通过的电流增大，警告灯点亮，以示警告。

4. 制动系统低压报警装置

（1）制动液面报警

制动液面报警开关用于指示已使用驻车制动器或制动液不足，其结构如图5-16所示。

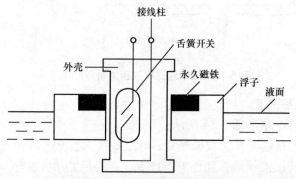

图 5-16　制动液面报警开关

制动液面警告灯开关装在制动主缸的储液罐内，外壳的外面套装着浮子，浮子上固定有永久磁铁，外壳内部装有舌簧开关，舌簧开关的两个接线柱与警告灯和电源相连，当制动液面在规定值以上时，浮子浮在靠上的位置，永久磁铁的吸力不足，舌簧开关在自身的弹力作用下保持断开的状态；当制动液面下降到一定值时，浮子位置下降，舌簧开关在永久磁铁吸力作用下闭合，警告灯点亮。

（2）制动器摩擦片报警装置

制动摩擦片报警装置的作用是当制动摩擦片磨损到使用极限厚度时，自动发出报警信号。图5-17所示为报警装置两种结构形式的原理图。

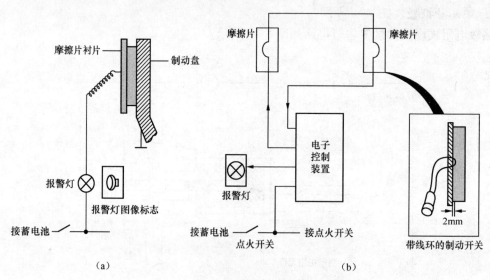

图 5-17　制动摩擦片报警装置原理

图 5-17（a）所示的装置是将一个金属触点埋设在摩擦片内部，当摩擦片的磨损达到使

用极限厚度时，金属触点就会和制动盘（或制动鼓）接触而搭铁，使安装在仪表板上的报警灯和报警图像标志亮。这种结构形式较简单，价格低，但可靠性较差。图 5-17（b）所示的装置是将一段导线埋设在摩擦片内部，该导线与电子控制装置相连，当摩擦片的磨损达到使用极限厚度时，导线便被磨断，使电路中断。当接通点火开关后，电子控制装置便向摩擦片内埋设的导线通电数秒进行检查。若摩擦已磨损到使用极限厚度，并且埋设的导线被磨断，电子控制装置则使报警灯发出报警，这表示制动摩擦片需要更换。

5. 空气滤清器堵塞报警装置

空气滤清器堵塞报警装置由与空气滤清器滤芯内外侧相连通的气压式开关传感器和报警灯两部分组成。气压式传感器是利用其上、下气室产生的压力差，推动膜片移动，从而使与膜片相连的磁铁跟随移动。磁铁的磁力使舌簧开关开或闭，控制报警灯电路接通或断开。若空气滤清器的滤芯未堵塞，则传感器上、下气室间压差小，膜片及磁铁的移动量小，舌簧开关处于常开状态；若空气滤清器的滤芯被堵塞，则传感器上下气室间压差增大，膜片及磁铁的移动量增大，磁铁磁力吸动舌簧开关而闭合，报警灯电路被接通，报警灯点亮，如图 5-18 所示。

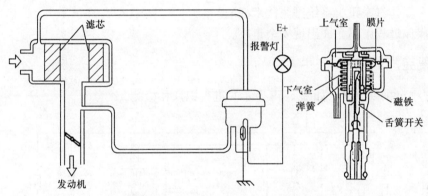

图 5-18 空气滤清器堵塞报警装置

二、汽车报警装置故障诊断与分析

下面以桑塔纳轿车机油压力报警灯故障为例介绍汽车报警装置故障的诊断方法。

1. 故障现象

汽车在行驶过程中，发动机机油压力报警灯常亮。

2. 故障原因

① 机油压力报警开关故障（有的车辆采用两个报警开关同时控制，如桑塔纳、捷达、奥迪轿车装有低压 30kPa 报警开关和高压 180kPa 报警开关）。

② 润滑油油路压力达不到规定要求。

③ 线路故障。

3. 故障诊断

桑塔纳轿车的发动机机油压力报警灯安装在发动机缸盖油路的低压报警开关（30kPa 开关）和安装在机油滤清器附近的高压报警开关（180kPa）控制。发动机工作时，当低压报警开关处于油压低于 30kPa 时，报警灯被点亮；当发动机转速超过 2000r/min 时，如果高压报警开关处于油压低于 180kPa，高压报警开关的触点被断开，仪表板内的控制单元控制报警灯

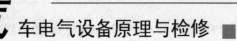

也被点亮，同时蜂鸣器也发出响声，以示报警。

当出现机油压力报警灯亮故障时，首先要区分是润滑系统故障还是报警系统自身故障，然后采用测量油压的方法进行诊断。

第二部分 任务实施

在任务实施的过程中，将学习的内容运用其中，做到学以致用。

一、工具准备

① 桑塔纳整车电路台架、专用诊断仪。
② 万用表、试灯、连接线、常用工具。

二、技术要求与标准

① 所有操作符合安全操作要求。
② 所有操作汽车报警系统维修技术标准。
③ 在操作过程中不允许出现安全事故。

三、要完成的工作

对典型汽车报警电路（如图 5-19 所示）进行识读和检测。

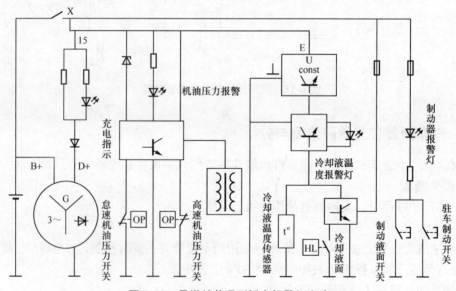

图 5-19 桑塔纳普通型轿车报警灯电路

1. 机油压力报警灯由汽缸盖上的低压机油压力开关（在汽缸盖上）、机油滤清器支架上的高压机油压力开关及仪表内的电子控制器控制。

2. 冷却液温度报警灯由冷却液温度传感器和冷却液液面过低报警开关控制。接通点火开关 "ON" 挡，冷却液温度报警灯闪烁 5s 后自动熄灭。发动机工作时，当膨胀储液罐冷却液液面过低或水温高于 115℃，冷却液温度报警灯闪烁。

3．制动器报警灯由驻车制动器报警开关和制动液不足报警开关控制，拉起驻车制动器拉杆，报警灯亮；制动液液面过低时，制动器报警灯亮。

4．检查桑塔纳轿车的报警系统报警灯、连接导线、连接器等是否正常。

 任务评价

一、自我评价

1．总结在汽车报警系统中引起故障的主要原因及相关部件。

2．本任务给你印象最深的是什么？

3．自己对学习本任务的自我评价（包括着装、学习态度、知识以及技能掌握程度、工作页的填写情况等）。

二、小组评价

序号	评价项目	评价情况		
		好	中	差
1	出勤情况			
2	着装情况			
3	课堂秩序			
4	学习是否积极主动			
5	学习任务书填写			
6	工具、仪器的使用情况			
7	工具整理、现场清理的情况			

三、教师评价

教师的总体评价：

项目六　汽车电动刮水系统的检修

任务一　汽车电动刮水系统的检修

 学习目标

◇ 能叙述刮水器、清洗器的组成与功能。
◇ 掌握电动刮水器变速刮水、间隙刮水与自动复位的工作原理。
◇ 能独立更换电动刮水系统的元件。
◇ 识读常见车型刮水系统电路、分析其常见故障。
建议完成本任务的学时为 6 学时。

 内容结构

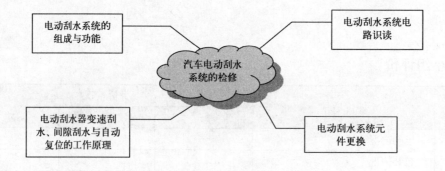

 任务描述

学习汽车刮水系统的结构及工作原理，完成识读常见车型刮水系统电路和检修刮水系统常见故障的任务。

> ## 第一部分　任务学习引导

电动刮水系统是汽车的重要组成部分，它能保证驾驶员在任何天气条件下都有良好的驾驶视线。电动刮水系统主要由电动刮水器和风窗玻璃洗涤器组成。

一、电动刮水器

1. 电动刮水器的组成和工作原理

(1) 电动刮水器的组成

如图 6-1 所示，电动刮水器主要由电动机、涡轮箱、曲柄、连杆、摆杆、摆臂和刮水片等组成。一般电动机和蜗杆箱结合成一体组成刮水器电动机总成。曲柄、连杆和摆杆等杆件可以把涡轮的旋转运动转变为摆臂的往复摆动，使摆臂上的刮水片实现刮水动作。

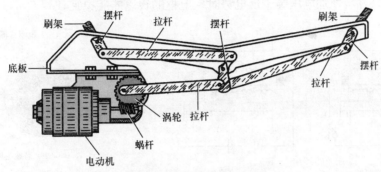

图 6-1　电动刮水器的组成

(2) 刮水电动机的结构和工作原理

一般刮水电动机有绕线式和永磁式两种。绕线式刮水电动机的磁极绕有励磁绕组，通过电流时产生磁场，而永磁式刮水电动机的磁极用永久磁铁制成。

永磁式刮水电动机的体积小、质量轻、结构简单，使用广泛。

永磁式刮水电动机的结构如图 6-2 所示，主要由外壳及磁铁总成、电枢、电刷安装板及复位开关、输出齿轮及涡轮、输出臂等组成，通电时电枢转动，经涡轮和输出齿轮及输出轴后，把动力传给输出臂。

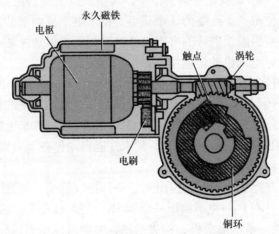

图 6-2　永磁式刮水电动机的结构

为了满足实际的使用需要，刮水电动机有低速刮水和高速刮水两个挡位，且在任意时刻刮水结束后刮水片都应能自动回到挡风玻璃最下端。下面分别就这两个问题进行讨论。

① 绕线式刮水电动机的变速原理

绕线式刮水电动机可通过改变磁场强度来实现变速，改变磁场强度的方法可以通过改变励磁电路中电流的大小来实现。实际使用的绕线刮水器的开关控制励磁电路中电阻的大小来改变其转速，此处不进行理论分析。

② 永磁式刮水电动机的变速原理

永磁式刮水电动机是利用 3 个电刷来改变正、负电刷之间串联线圈的个数实现变速的，如图 6-3 所示。其原理是：刮水电动机工作时，在电枢内同时产生反电势，其方向与电枢电流的方向相反。如要使电枢旋转，外加电压必须克服反电势的作用。当电动机的转速升高时，反电势增高，只有当外加电压等于反电势时，电枢的转速才能稳定。

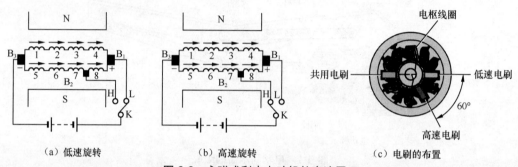

（a）低速旋转　　　　　　（b）高速旋转　　　　　　（c）电刷的布置

图 6-3　永磁式刮水电动机的变速原理

三刷永磁式刮水电动机工作时，电枢绕组产生的反电势的方向如图 6-3 中的箭头所示。当将刮水器开关 K 拨向 L（低速）时，如图 6-3（a）所示，电源电压 U 加在电刷 B_1 和 B_3 之间。在电刷 B_1 和 B_3 之间的两条并联支路中，每条支路中各有 4 个串联绕组，反电势的大小与支路中反电势的大小相等。由于外加电压需要平衡 4 个绕组所产生的反电势，故电动机转速较低。

当将刮水器开关 K 拨向 H（高速）时，如图 6-3（b）所示。电源电压 U 加在电刷 B_2 和 B_3 之间。绕组 1、2、3、4、8 同在一条支路中，其中绕组 8 与绕组 1、2、3、4 的反电势方向相反，相互抵消后，使每条支路变为 3 个绕组，由于电动机内部的磁场方向和电枢的旋转方向没有变化，所以各绕组内反电势的方向与低速时相同。但是外加电压只需平衡 3 个绕组所产生的反电势，因此，电动机的转速增高。

（3）刮水电动机的控制电路及自动复位原理

图 6-4 所示为铜环式刮水器的控制电路，此电路具有自动复位的功能。当刮水器停止工作时，为了避免刮水片停在风窗玻璃中间，影响驾驶员视线，汽车上的电动刮水器都设有自动复位装置。其功能是在切断刮水器开关时，刮水片能自动停在驾驶员视野以外的指定位置。下面分析一下其工作过程。

当接通电源开关，并把刮水器开关拉出到"Ⅰ"挡（低速）位置时，电流从蓄电池的正极→电源开关→熔丝→电刷 B_3→电枢绕组→电刷 B_1→刮水器开关接线柱 ②→接触片→刮水器开关接线柱 ③→搭铁→蓄电池负极，构成回路，电动机以低速运转。

把刮水器开关拉出到"Ⅱ"挡（高速）位置时，电流从蓄电池的正极→电源开关→熔丝→电刷 B_3→电枢绕组→电刷 B_2→刮水器接线柱④→接触片→刮水器接线柱③→搭铁→蓄电池负极，构成回路，电动机以高速运转。

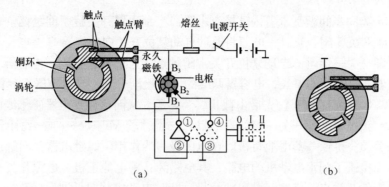

图 6-4 铜环式刮水器自动复位装置

当把刮水器开关退回到"0"挡时，如果刮水片没有停止到规定的位置，由于触点与铜环相接触，如图 6-4（b）所示，则电流继续流入电枢，其电路为蓄电池的正极→电源开关→熔丝→电刷 B_3→电枢绕组→电刷 B_1→接线柱②→接触片→接线柱①→触点臂→铜环→搭铁→蓄电池的负极。由此可以看出，电动机仍以低速运转直至涡轮旋转到如图 6-4（a）所示的特定位置，电路中断。由于电枢的运动惯性，电动机不能立即停止转动，此时电动机以发电机方式运行。因此，电枢绕组通过触点臂与铜环接通而短路，电枢绕组将产生强大制动力矩，电动机迅速停止运转，使刮水片复位到风窗玻璃的下部。

图 6-5 所示为一种凸轮式刮水器自动复位装置，其控制原理主要是由与涡轮联动的凸轮和驱动复位开关动作来实现的。

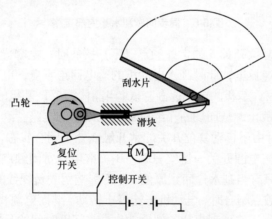

图 6-5 凸轮式刮水器自动复位装置

2. 电动刮水器的间歇控制

现代汽车的电动刮水器上都加装了电子间歇控制系统，使电动刮水器能按照一定的周期刮水。这样，在小雨或雾天行驶时，不至于令玻璃上形成发黏的表面，使驾驶员获得更好的视线。

电动刮水器的间歇控制电路有多种形式，按照间歇时间是否可调有可调节型和不可调节型之分。下面介绍几种常见的控制电路。

（1）不可调节间歇控制电路

电动刮水器的间歇控制一般是利用自动复位装置和电子振荡电路或集成电路实现的。

图 6-6 所示为同步间歇刮水器内部控制电路。当刮水器开关置于间歇挡位置（开关处于"0"位，且间歇开关 3 闭合）时，电源将通过自动复位开关向电容器 C 充电，其电路为：蓄电池正极→电源开关→熔丝→自动复位开关常闭触点（上）→电阻 R_1→电容器 C→搭铁→蓄电池负极。随着充电时间的增长，电容器两端的电压逐渐升高。当电容器 C 两端的电压升高到一定值时，晶体管 VT_1 和 VT_2 先后由截止转为导通，从而接通继电器磁化线圈的电路，其电路为：蓄电池正极→电源开关→熔丝→电阻 R_5→晶体管 VT_2（$e→c$）→继电器磁化线圈→间歇刮水器开关 3→搭铁→蓄电池负极。在电磁吸力的作用下，继电器常闭触点打开，常开触点闭合，从而接通了刮水电动机的电路，其电路为：蓄电池正极→电源开关→熔丝→B_3→B_1→刮水继电器常开触点→搭铁→蓄电池负极。此时电动机将以低速运转。

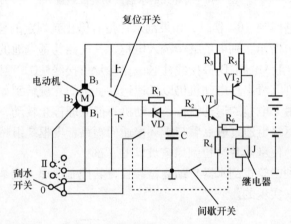

图 6-6　同步间歇刮水器内部电路

当复位装置将自动复位开关 5 的常开触点（下）接通时，电容器 C 通过二极管 VD、自动复位装置常开触点迅速放电，此时刮水电动机的通电回路不变，电动机继续转动。随着放电时间的增长，晶体管 VT_1 基极的电位逐渐降低。当晶体管 VT_1 基极的电位降低到一定值时，VT_1 和 VT_2 由导通转为截止，从而切断了继电器磁化线圈的电路，继电器复位，常开触点打开，常闭触点闭合。此时由于自动复位开关的常开触点处于闭合状态，电动机仍将继续转动，其电路为：蓄电池正极→电源开关→熔丝→B_3→B_1→继电器常闭触点→复位开关的常开触点→搭铁→蓄电池负极。只有当刮水片回到原位（即不影响驾驶员视线的位置），自动复位开关的常开触点打开，常闭触点闭合时，电动机方能停止转动。继而电源将再次向电容器 C 充电，重复以上过程。如此反复，实现刮水片的间歇动作，其间歇时间的长短取决于 R_1、C 电路充电时间的常数的大小。

（2）可调式间歇控制电路

所谓可调式间歇控制电路是指刮水器的控制电路根据雨量大小自动开闭，并自动调节间歇时间。图 6-7 所示为刮水自动开关与调速控制电路。电路中 S_1、S_2 和 S_3 是安装在风窗玻璃上的流量检测电极，雨水落在两检测电极之间，使其阻值减小，水流量越大，其阻值越小。

S_1 与 S_3 之间的距离较近（约 2.5cm），因此，晶体管 VT_1 首先导通，继电器 J_1 通电，在电磁吸力的作用下，点 P 闭合，刮水电动机低速旋转。当雨量增大时，S_1 与 S_2 之间的电阻减小到使晶体管 VT_2 也导通，于是继电器 J_2 通电，在电磁吸力的作用下，点 A 断开，点 B 接通，刮水电动机转为高速旋转。雨停时，检测电阻之间的阻值均增大，晶体管 VT_1、VT_2 截止，继电器复位，刮水电动机自动停止工作。

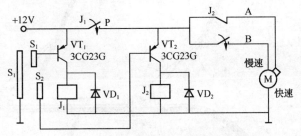

图 6-7　刮水自动开关与调速控制电路

图 6-8 所示为刮水器电子调速器，该调速器可根据雨量的大小或雾天的实际情况，自动调节刮水片的摆动速度，使车窗玻璃的清晰度提高，且能自动接通或关闭刮水器以达到无级调速的目的。其中的传感器M是用镀铜板（尺寸为 6.5cm×6.5cm）制成的两个间隔很近，但互不相通的电极。图 6-9 所示是比较先进的雨滴传感器，可利用压电元件制成，能获得刮水的最佳时间。

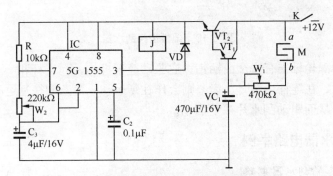

图 6-8　刮水器电子调速电路

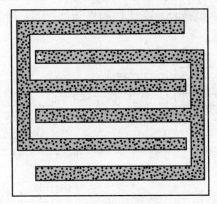

图 6-9　雨滴传感器

3. 齿条传动式刮水器

图 6-10 所示为新型柔性齿条传动刮水器。这种刮水器与一般拉杆传动式刮水器相比，具有体积小、噪声低等优点，而且可将刮水电动机总成安装在空间较大的地方，便于维修。

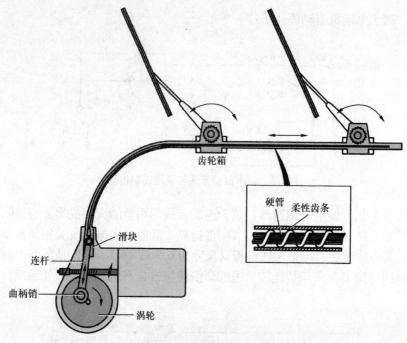

图 6-10　柔性齿条刮水器

　　电动机驱动的涡轮轴上有一个曲柄销，它驱动连杆机构，而连杆和一个装在硬管里的柔性齿条连接。因此，在连杆运转时，齿条则会作往复运动，齿条的往复运动带动齿轮箱中的小齿轮往复运动，从而驱动刮水片往复摆动。

二、风窗刮水器电路举例

　　1. 桑塔纳轿车的刮水器电路

　　图 6-11 所示为桑塔纳轿车的刮水器电路，从图中可以看出，刮水器控制开关有 5 个挡位，分别为复位停止挡、间歇挡、低速挡、高速挡和点动挡。INT 挡为间歇刮水挡，LO 挡为低速刮水挡，HI 挡为高速刮水挡。

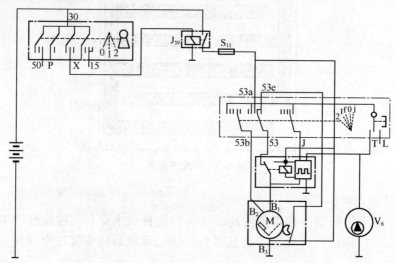

图 6-11　桑塔纳轿车的刮水器电路

下面分析其工作原理。

将点火开关置于"ON"，接通了蓄电池向中间继电器磁化线圈的放电回路，其电流为：蓄电池正极→点火开关"30"接线柱→点火开关"X"接线柱→中间继电器磁化线圈→搭铁→蓄电池负极。在电磁吸力的作用下，中间继电器触点闭合，为刮水电动机的工作做好准备。

将刮水器开关拨到"f"挡（即点动挡）时，蓄电池将通过刮水器开关、间歇继电器常闭触点向刮水电动机放电，其电流为：蓄电池正极→中间继电器触点→熔丝 S_{11}→刮水器开关"53a"接线柱→刮水器开关"53"接线柱→间歇继电器常闭触点→电刷 B_1→电刷 B_3→搭铁→蓄电池负极，此时电动机以低速运转。当手离开刮水器开关时，开关将自动回到"0"位，如果此时刮水片处在影响驾驶员视线的位置上，自动复位装置的常闭触点打开，常开触点闭合，刮水电动机的电枢内继续有电流通过，其电流为：蓄电池正极→中间继电器触点→熔丝 S_{11}→复位装置的常开触点→刮水器开关"53e"接线柱→刮水器开关"53"接线柱→间歇继电器常闭触点→电刷 B_1→电刷 B_3→搭铁→蓄电池负极，故电动机仍以低速运转，只有当自动复位装置处在图示位置时，刮水电动机方可停止运转。

当将刮水器开关拨到"1"挡（低速挡）时，蓄电池仍然是通过中间继电器、刮水器开关、间歇继电器、电刷 B_1 和 B_3 向刮水电动机放电(放电回路与点动时相同)，电动机以 $42\sim52$r/min 的转速低速运转。

当将刮水器开关拨到"2"挡（高速挡）时，蓄电池向电动机的放电回路为：蓄电池正极→中间继电器触点→熔丝 S_{11}→刮水器开关"53a"接线柱→刮水器开关"53b"接线柱→电刷 B_2→电刷 B_3→搭铁→蓄电池负极，此时电动机以 $62\sim80$r/min 的转速高速运转。

当自动复位装置切断电动机电路，由于旋转惯性使电动机不能立即停下来时，电动机将以发电机运行而发电，由愣次定律可知，电枢绕组中所产生的感应电动势的方向与外加电压的方向相反，通过刮水器开关、自动复位常闭触点构成回路，其电流为：电刷 B_1→间歇继电器常闭触点→刮水器开关"53"接线柱→刮水器开关"53e"接线柱→自动复位装置的常闭触点→电刷 B_3，电枢绕组中即会产生反电磁力矩（制动力矩），电动机迅速停止运转，使刮水片复位到风窗玻璃的下部。

当将刮水器开关拨到"j"（间歇）位置时，电子式间歇继电器投入工作，使其触点不断地开闭。当间歇继电器的常闭触点打开，常开触点闭合时，蓄电池向电动机的放电回路为：蓄电池正极→中间继电器触点→熔丝 S_{11}→间歇继电器的常开触点→电刷 B_1→电刷 B_3→搭铁→蓄电池负极，电动机低速运转。当间歇继电器断电，其触点复位（常闭触点闭合，常开触点打开）时，电动机将停止运转。在此过程中，自动复位装置的工作和制动力矩的产生与上述相同。在间歇继电器的作用下，刮水电动机每 6s 使曲柄旋转一周。

当将洗涤开关接通时（将刮水器开关向上扳动），洗涤泵控制电路接通，其电流为：蓄电池正极→中间继电器触点→熔丝 S_{11}→洗涤开关→洗涤泵 V_6→搭铁→蓄电池负极。位于发动机盖上的两个喷嘴同时向风窗玻璃喷射清洗液。与此同时，也接通了刮水器间歇继电器的控制电路，其电流为：蓄电池正极→中间继电器触点→熔丝 S_{11}→洗涤开关→刮水器间歇继电器→搭铁→蓄电池负极，于是刮水电动机工作，驱动刮水片刮掉已经湿润的尘土和污物。当驾驶员松开控制手柄时，开关将自动复位，切断洗涤泵的控制电路，喷嘴停止喷射清洗液，刮水电动机在自动复位开关起作用后，将刮水片停靠在挡风玻璃的下方。

2. 红旗轿车风窗刮水器电路

图 6-12 所示为红旗轿车的风窗刮水器控制电路，控制开关有 5 个挡位，0 挡为停止复位

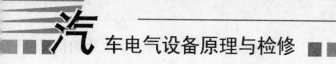

挡，T 挡为点动挡，J 挡为间歇挡，1 挡为低速刮水挡，2 挡为高速刮水挡。

1 挡闭合时，刮水开关的 53a 和 53 之间导通，电流回路为：X 线的电流→熔丝 S_{15}→75a →端子 53a→端子 53→刮水电动机端子 1/53→刮水电动机端子 5/31→搭铁，形成回路，此时刮水器低速运转。

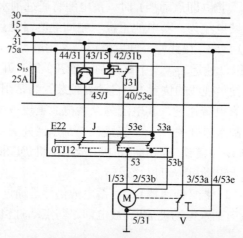

图 6-12　红旗轿车风窗刮水器控制电路

2 挡闭合时，刮水开关的 53a 和 53b 之间闭合，电流回路为：X 线的电流→熔丝 S_{15}→75a 的接点→端子 53a→端子 53B→刮水电动机端子 2/53b→刮水电动机端子 5/31→搭铁，形成回路，此时刮水器高速运转。

当把刮水开关拨到 T 挡（点动挡）时，刮水电动机以低速运转，电路的电流和 1 挡时电流相同。松开手以后，刮水开关自动回到 O 的位置，如果刮水电机没有复位，端子 3/53a 和 4/54e 之间导通，此时电路的电流为：X 线的电流→熔丝 S_{15}→75a→刮水电动机端子 4/53e→ 3/53a→间歇继电器常闭触点 42/31b 及 40/53e→刮水开关端子 53e→端子 53→刮水电动机端子 1/53→刮水电动机端子 5/31→搭铁，形成回路，刮水器低速运转至复位位置时停转。

当把刮水开关打到 J 挡（间歇挡）时，此时端子 53a 和 J 闭合、53e 和 53 闭合，分别接通电子间歇控制电路和刮水电动机的低速电路，间歇继电器的触点不断的开闭，雨刮器间歇工作。当继电器的常开触点闭合时，电路为：X 线的电流→熔丝 S_{15}→75a→间歇继电器端子 43/15→间歇继电器端子 40/53e→刮水开关端子 53e→刮水开关端子 53→刮水电动机端子 1/53 →刮水电动机端子 5/31→搭铁，形成回路，此时刮水器低速运转。当间歇继电器断电，电动机停止运转。在电子间歇继电器的作用下，刮水电动机的间歇时间为 5～7s。

3. 丰田轿车风窗刮水器电路

图 6-13 所示为丰田轿车风窗刮水器控制电路，其控制开关有 5 个挡位，分别是低速挡（LO），高速挡（Hi），停止复位挡（OFF），间歇刮水挡（INT）和喷洗器挡。下面分析一下其的工作过程。

当刮水开关在低速位置时，电流的回路为：蓄电池正极→端子 18→刮水器控制开关 "LOW/MIST" 触点→端子 7→刮水器电动机低速电刷 LO→公共电刷→接地，形成回路，此时电动机以低速运行。

当刮水开关在高速位置时，电流的回路为：蓄电池正极→端子 18→刮水器控制开关 "HIGH" 触点→端子 13→刮水电动机高速电刷 Hi→公共电刷→接地，形成回路，此时电动机以高速运转。

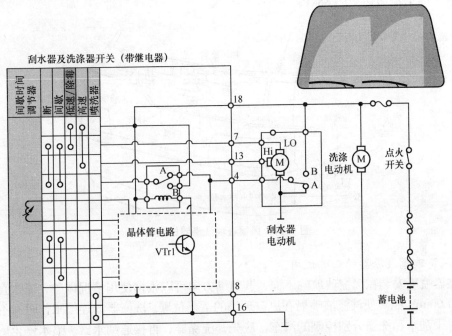

图 6-13　丰田轿车风窗刮水器控制电路

当刮水开关在间歇刮水（INT）位置时，晶体管电路中 VTr1 先短暂导通，此时电流为：蓄电池正极→端子 18→继电器线圈→VTr1→端子 16→接地。线圈中产生磁场，使得继电器常闭触点 A 打开，常开触点 B 关闭。这时电动机以低速运转，电路为：蓄电池正极→端子 18→继电器触点 B→刮水器开关"INT"触点→端子 7→刮水器电动机低速电刷 LO→公共电刷→接地。

然后 VTr1 截止，继电器的触点 B 断开，触点 A 闭合，电动机转动时，凸轮开关的触点 A 断开，B 闭合，所以电流继续流至电动机的低速电刷，电动机以低速运转，此时的电流为：蓄电池正极→凸轮开关触点 B→端子 4→继电器触点 A→刮水器开关"INT"触点→端子 7→刮水器电动机低速电刷 LO→公共电刷→接地。当刮水器转至停止位置时，凸轮开关 B 断开，A 接通，电动机停止运转。

刮水电动机停止运转一段时间以后，晶体管电路 VTr1 再次短暂导通，刮水器重复间歇动作。其中的间歇时间调节器可以调节间歇的时间长短。

喷洗器开关接通时，在喷洗器电动机运转时，晶体管电路中 VTr1 在预定的时间内接通，使刮水器低速运转 1~2 次。喷洗器的电路为：蓄电池正极→喷洗器电动机→端子 8→喷洗器开关端子→端子 16→接地。刮水器的电路为：蓄电池正极→端子 18→继电器触点 B→刮水器开关"INT"触点→端子 7→刮水器电动机低速电刷 LO→公共电刷→接地。这样就边喷洗边间歇刮水。

三、风窗玻璃洗涤器

1. 风窗玻璃洗涤器的组成

风窗玻璃洗涤器是由微型永磁直流电动机、离心式水泵、喷嘴、储液罐及导管 5 部分组

成（如图 6-14 所示）。洗涤泵由永磁直流电动机和离心式水泵组装成一体，安装在储液罐上或管路内，喷射压力达 70～88kPa。

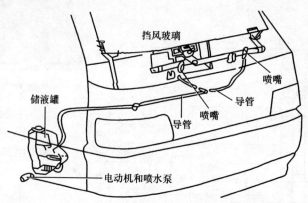

图 6-14　风窗玻璃洗涤器的组成

2. 风窗玻璃洗涤器的正确使用

洗涤器喷嘴安装在风窗玻璃的下面，其喷嘴方向可以根据使用情况调整，喷水直径一般为 0.8～1.0mm，能够使洗涤液喷射在风窗玻璃的适当位置。洗涤器的连续工作时间不应超过1min，对于刮水和洗涤分别控制的汽车，应先开洗涤器，再接通刮水器。喷水停止后应继续刮动 3～5 次，以达到良好的清洁效果。

第二部分　任务实施

在任务实施的过程中，将检查风窗玻璃洗涤器的喷水泵、喷水导管、喷嘴、储液罐以及电动刮水器的电动机、刮水片以及刮水传动装置等元件，检查刮水系统控制电路，此外还要排除汽车刮水系统的典型故障。

一、工具准备

① 桑塔纳整车电路台架。
② 万用表、试灯、连接线、常用工具。

二、技术要求与标准

① 所有操作符合安全操作要求。
② 所有操作汽车刮水系统维修技术标准。
③ 在操作过程中不允许出现安全事故。

三、要完成的工作

参照桑塔纳轿车刮水系统电路图，对下列桑塔纳轿车刮水系统的故障进行检测与维修。
① 接通点火开关，拨动刮水器各挡开关，刮水器均不工作。
② 刮水器"快挡"工作，其余挡均不工作。
③ 刮水器"慢挡"工作，其余挡均不工作。

④ 刮水器"间隙挡"不工作，其余挡均工作。

⑤ 刮水开关在"喷水挡"，刮片与喷嘴均不工作，其余各挡均正常。

⑥ 刮水后风窗玻璃上留有水迹擦痕或积水。

⑦ 刮水器工作时，部分表面刮不到。

 **任务评价**

一、自我评价

1. 总结在刮水系统中引起风窗玻璃不能洗涤和无法正常刮水的主要原因及相关部件。

2. 本任务给你印象最深的是什么？

3. 自己对学习本任务的自我评价（包括着装、学习态度、知识以及技能掌握程度、工作页的填写情况等）。

二、小组评价

序号	评价项目	评价情况		
		好	中	差
1	出勤情况			
2	着装情况			
3	课堂秩序			
4	学习是否积极主动			
5	学习任务书填写			
6	工具、仪器的使用情况			
7	工具整理、现场清理的情况			

三、教师评价

教师的总体评价：

项目七　汽车辅助电气设备的检修

任务一　汽车电动座椅的检修

学习目标

◇　熟悉电动座椅的功用与结构。
◇　掌握普通电动座椅的工作原理。
◇　掌握带记忆功能电动座椅的工作原理。
◇　掌握电动座椅的常见故障及排除方法。
建议完成本任务的学时为 8 学时。

内容结构

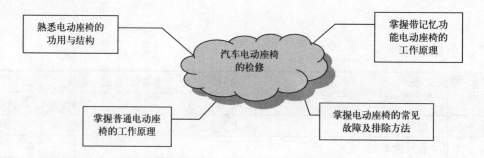

任务描述

学习电动座椅的结构和工作原理，完成电动座椅的拆装、检测和维修的任务。

第一部分　任务学习引导

一、汽车电动座椅的功用

汽车座椅的主要功能是为驾驶员及乘员提供便于操作、舒适又安全、不易疲劳的驾乘位置。

座椅调节的目的是提高驾驶员和乘员的乘坐舒适性，减少驾驶员和乘员长时间乘车的疲劳。座椅的调节正向多功能化发展，目前常见有带电子控制调节系统的电动座椅和不带电子控制的调节系统的座椅。

带电子控制的电动座椅自动化程度高，它能够使座椅前后滑动、座椅的前、后部垂直上下的调节、座椅的高度调节、靠背的倾斜度调节、枕垫的上下调节以及腰垫的调节等。这种座椅是靠电子控制的，有的还有记忆功能。它能把驾驶员调定的座椅位置靠电脑储存下来，以作为以后调节的依据。驾驶员需要调节时，只要按一下按钮即可按记忆自动调节到理想的位置。

电动座椅的前后方调节量一般为 100~160mm，座位前部与后部的调节量约 30~50mm。全程移动所需时间约为 8~10s。电动座椅一般由控制装置和执行机构组成。

二、普通电动座椅的基本组成

为了实现座椅位置的调节，普通电动座椅包括若干个双向电动机、传动装置和控制电路（包括控制开关）3 个主要部分。其结构和电动机的安装位置分别如图 7-1 和图 7-2 所示。

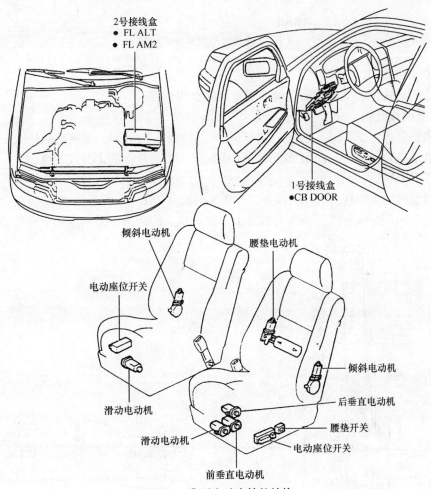

图 7-1 典型电动座椅的结构

双向电动机产生动力，传动装置可以把动力传至座椅，通过控制开关实现座椅不同位置的调节。

（1）电动机

电动座椅中使用的电动机一般为永磁式双向直流电动机，通过控制开关来改变流经电动机内部的电流方向，从而实现座椅转动方向的改变。

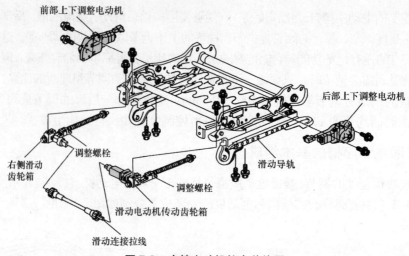

图 7-2　座椅电动机的安装位置

（2）传动装置

电动机的旋转运动驱动传动机构改变座椅的空间位置。

① 高度调整机构

高度调整机构由蜗杆轴、涡轮、芯轴等组成（如图 7-3 所示）。调整时蜗杆轴在电动机的驱动下，带动涡轮转动，从而保证芯轴旋进或旋出，实现座椅的上升或下降。

② 纵向调整机构

纵向调整机构由蜗杆、涡轮、齿条、导轨等组成（如图 7-4 所示）。齿条装在导轨上，调整时，电动机转矩经蜗杆传到两侧的涡轮上，经导轨上的齿条，带动座椅前后移动。

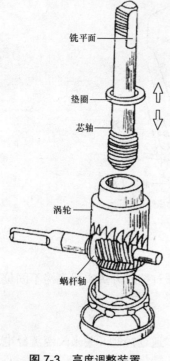

图 7-3　高度调整装置

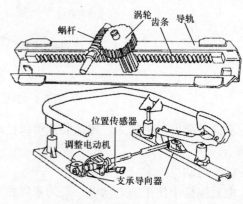

图 7-4　纵向调整机构

（3）电动座椅控制电路

如图 7-5 所示，该电动座椅包括滑动电动机、前垂直电动机、倾斜电动机、后垂直电动机和腰垫电动机，可以实现座椅的前后移动、前部高度调节、靠背倾斜程度调节、后部高度调节及腰椎前后调节。下面以座椅靠背的倾斜调节为例，介绍电路的控制过程。

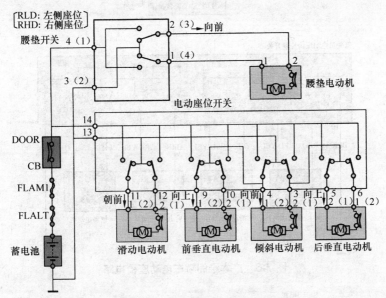

图 7-5 电动座椅的控制电路

当电动座椅的开关处于倾斜位置时，如果要调整靠背向前倾斜，则闭合倾斜电动机的前进方向开关。端子 4 置于左位时，电路为：蓄电池正极→FLALT→FLAM1→DOOR CB→端子 14→（倾斜开关"前"）→端子 4→1（2）端子→倾斜电动机→2（1）端子→端子 3→端子 13→搭铁。此时座椅靠背前移。

端子 3 置于右位时，倾斜电动机反转，座椅靠背后移。此时的电路为：蓄电池正极→FLALT→FLAM1→DOOR CB→端子 14→（倾斜开关"后"）→端子 3→2（1）端子→倾斜电动机→1（2）端子→端子 4→端子 13→搭铁。

三、典型电动座椅电路

（1）2003 款本田雅阁轿车电动座椅电路（如图 7-6 所示）。

电路分析与图 7-5 中的电路分析类似，此处不再重复。

（2）北京现代索纳塔轿车电动座椅电路（如图 7-7 所示）。

注：此电路中的开关中有虚线连接的为联动开关。分析电路时注意要联动关系和搭铁方向。此处不作详细的分析，请参考图 7-5 的电路分析。

四、电子控制自动调节电动座椅

电子控制自动调节电动座椅，如图 7-8 所示。这种电动座椅带有记忆功能，它能够将调节后的座椅位置记录下来，作为以后自动调节的基准。驾驶员需要调节时，只要一按开关就可自动调节到理想的位置。

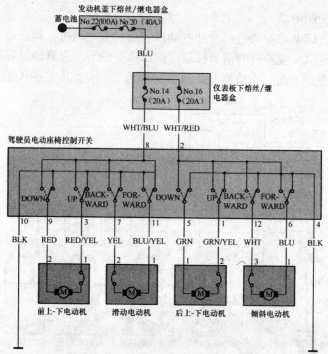

图 7-6 广本雅阁轿车电动座椅电路

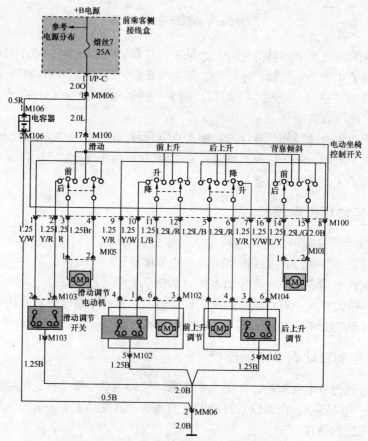

图 7-7 北京现代索纳塔轿车电动座椅电路

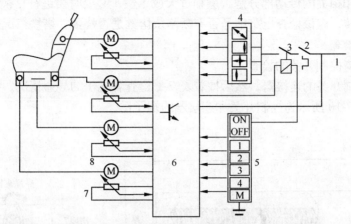

1—接蓄电池；2—过载保护装置；3—继电器；4—手动调节开关；5—存储复位开关；6—电子控制模块；7—位置电位计；8—电动机

图 7-8　带记忆功能的电动座椅电子控制示意图

电子控制自动调节电动座椅主要由电气控制部分和执行机构等组成。

（1）电气控制部分

电气控制部分主要由继电器、保护装置、控制开关（手动调节开关、存储复位开关）、电子控制模块和位置电位器等组成。

（2）保护装置

保护装置的作用是防止电气设备过载，保护电气设备的安全。

（3）控制开关

控制开关安装在驾驶员座椅的左侧，其作用是控制座椅的调节，由手动调节开关和存储复位开关组成。当需要个别调节时，可按开关上的标志进行操作。

① 存储是通过操纵存储开关，将电位计 7 输送来的电压信号存储在电子控制模块中，作为以后调节的依据。

② 复位开关的作用是通过操纵复位开关使座椅根据记忆恢复到原来的位置。

（4）电子模块

电子模块主要是用来自动控制座椅的调节。

（5）位置电位计

如图 7-9 所示，位置电位计主要由壳体、螺杆、滑块、电阻丝等组成。其作用是将座椅的位置转变成电压信号输送给电子模块存储起来。其基本原理是，当调节座椅时，电动机将动力传给螺杆使螺杆转动，螺杆又带动滑块在电阻丝上滑移，于是改变了电阻值。根据欧姆定律，电阻值的变化引起电压的变化，当座椅的位置调定后将电压输送给电子模块，驾驶员只要按下存储按钮，就能将选定的调节位置进行存储作为重新调节基准。使用时只要按指定的按键，座椅就会调节到预先选定的座椅位置上。

五、电动座椅的检修

1．普通电动座椅的检测与维修

下面以北京现代索纳塔轿车为例，介绍电动座椅的检修步骤。

若电动机运转，但是座椅不动，首先检查座椅是否已达到极限位置。如果不是，则检查电动机与变速器和相关的传动部分是否磨损过大或卡住，必要时要进行更换。

若电动机不转，应该检查电路中是否有断路，熔丝是否烧毁，搭铁情况是否良好，然后进行以下单件的检查。

（1）电动座椅控制开关的检查

首先拔出控制开关的连接器，然后按着表 7-1 检查各端子的导通情况，如果不导通要更换控制开关。图 7-10 所示为控制开关和连接器的端子图。

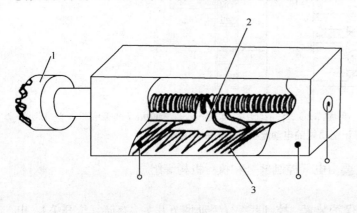

1—齿轮（电动机驱动）；2—滑块；3—电阻丝

图 7-9　电动座椅的位置电位器

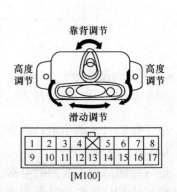

[M100]

图 7-10　电动座椅开关及连接器的端子图

表 7-1　电动座椅控制开关的检查

开关位置	端子号	1	2	3	4	5	6	7	8	9	10	11	12	13	14	15	16	17
滑动开关	前	○			○													
				○														○
	后		○	○														
					○													○
前高度开关	UP											○						○
										○			○					
	DOWN										○		○					
后高度开关	UP					○										○		
							○	○										
	DOWN					○	○											
靠背开关	前								○						○			
															○		○	
	后								○						○			
															○		○	

（2）电动座椅电动机的检查

电动座椅电动机的检查基本思路是拆下电动机的连接器，用蓄电池的正负极分别接某电机的两个端子，观察电动机的运转情况，然后颠倒正负极的接法，再观察反转的情况。注意：

电动机停止转动时要立刻断开电源以免烧坏电动机。

2. 电子控制自动座椅的检修

以凌志 LS400 轿车为例,介绍自动座椅的检修方法。

若电动机运转而座椅不动,同样首先看是否已到极限位置,然后检查电动机与变速器之间的相关轴器是否磨损过大或损坏,必要时应更换。

若电动机不工作,应检查电源线路、开关线路、电动机控制线路是否断路,搭铁是否牢固,然后进行如下单件检测。

(1) 电动座椅开关检查

检查各端子之间的导通状况,若导通状况不符合规定要求,应更换开关。

(2) 腰垫开关的检测

腰垫开关共 4 个接线端子,各端子间的导通状况。若导通状况不符合规定要求,应更换开关。

(3) 位置传感器检测

① 拆下驾驶座椅。

② 拆下前垂直调节器上的螺栓并将坐垫略微抬高。坐垫不宜抬得过高,否则线束回被拉出,夹箍可能会松动。

③ 随连接器一起从坐垫下面的固定处拆下电动座椅 ECU。

④ 把电动座椅 ECU 的端子 CHK 连接车身搭铁,使 ECU 进入检查状态。

⑤ 测量电动座椅 ECU 的端子 SO 与车身接地间的电压(采用指针式电压表)。

⑥ 检查应输出图示"已准备好"代码。

⑦ 分别打开电动座椅手动开关并检查座椅各项移动时的电压变化。

⑧ 输入信号正常和不正常时,输出电压的变化。

⑨ 当座椅移动到极限位置时,电压应从正常代码变为不正常代码,当证实其他系统功能完好,并通过对电压表指针的摆动量比较,确认正常和不正常代码后,再进行分析处理。电压表指针摆动量取决于仪表。

第二部分 任 务 实 施

在任务实施的过程中,将学习的内容运用其中,做到学以致用。

一、工具准备

① 北京现代索纳塔轿车汽车电动座椅、凌志 LS400 轿车电动座椅、电动座椅电路图。

② 万用表、试灯、连接线、常用工具。

二、技术要求与标准

① 所有操作符合安全操作的要求。

② 所有操作符合汽车电动座椅系统维修技术标准。

③ 在操作过程中不允许出现安全事故。

三、要完成的工作

1．对北京现代索纳塔轿车电动座椅进行以下检查。

（1）电动座椅控制开关的检查。

（2）电动座椅电动机的检查。

2．对凌志 LS400 轿车电动座椅进行以下故障进行检查。

（1）电动座椅电动机运转而座椅不动的故障。

（2）电动座椅电动机不工作的故障。

 任务评价

一、自我评价

1．总结在汽车电动座椅系统中引起电动座椅不能正常调整的主要原因及相关部件。

2．本任务给你印象最深的是什么？

3．自己对学习本任务的自我评价（包括着装、学习态度、知识以及技能掌握程度、工作页的填写情况等）。

二、小组评价

序号	评价项目	评价情况		
		好	中	差
1	出勤情况			
2	着装情况			
3	课堂秩序			
4	学习是否积极主动			
5	学习任务书填写			
6	工具、仪器的使用情况			
7	工具整理、现场清理的情况			

三、教师评价

教师的总体评价：

任务二　汽车电动车窗的检测与排故

学习目标

◇ 掌握电动车窗的功用与结构。

◇ 理解电动车窗的工作原理。

◇ 掌握电动车窗的常见故障及排除方法。

建议完成本任务的学时为 6 学时。

内容结构

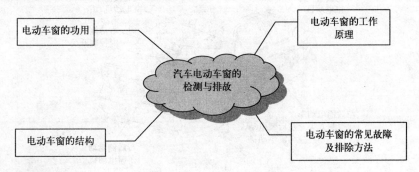

任务描述

学习电动车窗的结构与原理，完成电动车窗的拆装、检测与维修的任务。

第一部分　任务学习引导

一、电动车窗的组成及分类

现代轿车中普遍安装了电动车窗，以使车窗的升降更加方便。电动车窗主要由车窗玻璃、车窗玻璃升降器、电动机和控制开关等组成。车窗电动机、控制开关及车窗继电器在车上的布置如图 7-11 所示。

电动车窗上的电动机是双向的，有永磁式的，也有双绕组串励式的。每个车门各有一个电动机，通过开关控制电动机中的电流方向从而控制玻璃的升降。控制开关一般有两套，一套为总开关，装在仪表板或驾驶员侧的车门上，这样驾驶员就可以控制每个车窗玻璃的升降。另一套为分开关，分别安装在每个车窗上，这样乘客也可以对各个车窗进行升降控制（如图 7-11 所示）。由于所有车窗的电动机都要通过总开关搭铁，所以如果总开关断开，分开关就不能起作用。

常见的电动车窗升降机构有绳轮式、交臂式和软轴式等几种，图 7-11（b）所示为交臂式的升降机构，图 7-12、图 7-13 所示分别为绳轮式和软轴式的升降机构，其中绳轮式和交臂式电动车窗升降机构使用较为广泛。

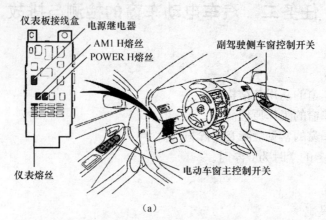

（a）

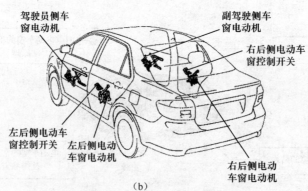

（b）

图 7-11　电动车窗部件在车上的布置

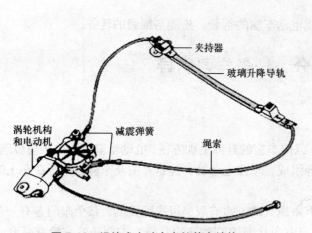

图 7-12　绳轮式电动车窗的基本结构

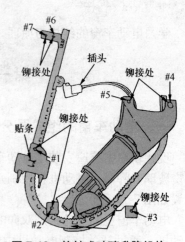

图 7-13　软轴式玻璃升降机构

二、电动车窗的控制电路及工作原理

图 7-14 所示为四车门电动车窗的主控制按钮，图 7-15 所示为该电动车窗的控制电路。该控制电路可以实现手动控制和自动控制，所谓的手动控制是指按着相应的手动按钮，车窗玻璃可以上升或下降，若中途松开按钮，上升或下降的动作即停止；而自动控制是指按下自

动按钮，松开手后车窗会一直上升至最高或下降至最低。下面分别分析手动控制和自动控制过程。

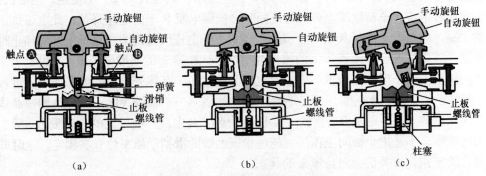

图 7-14　电动车窗的控制开关

1. 手动控制车窗玻璃升降

以驾驶员侧的车窗玻璃升降为例，如图 7-14（b）所示，向前按下手动旋钮后，触点 A 与开关的"UP"相连，电路如图 7-15 所示。

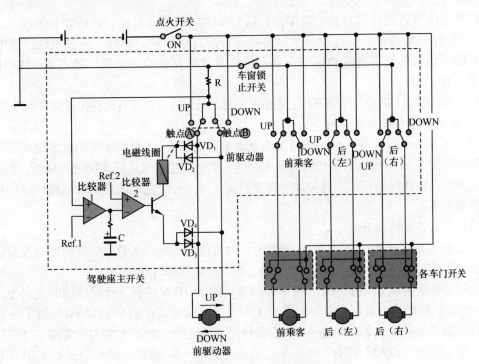

图 7-15　电动车窗控制电路

如图 7-14（b）所示，当把手动旋钮推向车辆方向，车窗玻璃即上升。此时，触点 A 与 UP（向上）接点相连，触点 B 处于原来状态，电动机按 UP 箭头方向通过电流，车窗玻璃上升车至关闭；当把手离开旋钮时，利用开关自身的回复力，开关即回到中立位置。若把手动旋钮推向车辆后方，触点 A 保持原位不动，而触点 B 则与 DOWN（向下）侧相连，电动机按 DOWN 箭头所示的方向通过电流，电动机反转，以实现车窗玻璃向下移动，直至下降到底。

2. 自动控制玻璃升降

当把自动按钮向前方按下时，如图 7-14（c）所示，触点 A 与 UP 侧相连，电动机按 UP 箭头方向通过电流，车窗玻璃上升；与此同时，检测电阻 R 上的电压降低，此电压加于比较器 1 的一端，它与参考电压 Ref.1 进行比较。Ref.1 的电压值设定为相当于电动机锁止时的电压。所以，通常情况下，比较器 1 的输出为负位。比较器 2 的基准电压 Ref.2 设定为小于比较器 1 的输正电位，所以比较器 2 的输出电压为正电压，晶体管接通，电磁线圈通过较大的电流，其路径为：蓄电池正极→点火开关→UP→触点 A→二极管 VD_1→电磁线圈→晶体管→二极管 VD_4→触点 B→电阻 R→搭铁（蓄电池负极）。此电流产生较大的电磁吸力，吸引驱动器开关的柱塞，于是把止板向上顶压，越过止板凸缘的滑销于原来位置被锁定，这时即使把手力开自动旋钮，开关仍会保持原来的状态。

当车窗玻璃上升至终点位置后，在电动机上有锁止电流流过，检测电阻 R 上的电压降增大，当此电压超过参考电压 Ref.1 时，比较器 1 的输出由底电位，此时，电容 C 开始充电，当 C 两端电压上升至超过比较器 2 的参考电压 Ref.2 时，比较器 2 则输出底电位，三极管立即截止，电磁线圈中的电流被切断，止板被弹簧通过滑销压下，自动旋钮自动回复到中立位置，触点 A 搭铁，电动机停转。

在自动上升过程中，若想中途停止，则向反方向扳手动旋钮，然后立刻放松。这样触点 B 将短暂脱离搭铁，使电动机因回路被切断而自动停转。同时，通过电磁线圈的电流已被切断，止板弹簧通过滑销压下，自动旋钮自动回复到中立位置，触点 A，B 均搭铁，电动机停转。

车窗玻璃自动下降的工作情况与上述情况相反，操作时只需将自动旋钮压向车辆后方即可。

3. 电动车窗电路应用实例

图 7-16 所示为北京现代索纳塔轿车的电动车窗电路图，该电动车窗的基本组成和基本的工作原理与图 7-15 中电路的工作情况基本相同，此处以左前电动机为例进行分析。电动车窗中的主开关用虚线框标识，主开关位于驾驶员侧。两个开关之间的虚线表示操作时总开关内部是联动关系。

（1）手动控制玻璃升降

当点火开关位于 ACC 或 ON 的位置时，电流便经过电动车窗继电器的电磁线圈，通过 ETACM（时间和信息系统控制模块）搭铁，车窗继电器的开关闭合。

此时若使车窗玻璃向下运动，按下左前车窗的 DOWN 按钮，此时电流的流向为：电源 +B→电动车窗熔丝→电动车窗继电器开关→左前车窗开关中右侧的 DOWN 端子→电动车窗主开关端子 6→左前电动机端子 2→左前电动机端子 1→电动车窗主开关端子 5→左前车窗开关中左侧的 DOWN 端子→电动车窗主开关端子 10→搭铁。此时电动机工作，车窗玻璃向下运动。车窗玻璃上升时的电流流向此处不再重复，此时电机中电流方向相反，其运动方向也相反。车窗玻璃上升或下降的中途若松开开关，开关就自动回到 OFF 位置，电动机也停止工作。

（2）自动控制车窗玻璃升降

按下自动按钮后，自动升降控制装置起作用，自动升降控制装置内部工作情况和图 7-14 与图 7-15 中所示的情况类似，此时再按下升/降按钮后，开关便不能自动断开，电动机中电流的流动情况和手动控制玻璃升降时相同，此处不再重复。

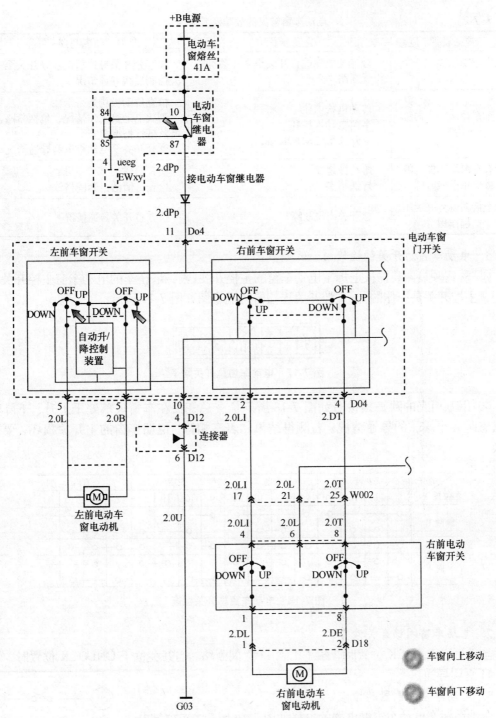

图 7-16　北京现代索纳塔轿车的电动车窗电路图

三、电动车窗的检修及故障诊断

下面以索纳塔轿车为例，介绍电动车窗常见的故障及其原因，如表 7-2 所示。

表 7-2　　　　　　　　　　　　　　　　电动车窗常见的故障及其原因

常见故障	故障原因	诊断思路
某个车窗只能向一个方向运动	分开关故障或分开关至主开关可能出现断路	检查分开关导通情况及分开关至主开关控制导线导通情况
某个车窗两个方向都不能运动	传动机构卡住 车窗电动机损坏 分开关至电动机断路	检查传动机构是否卡住 测试电动机工作情况，包括断路、短路及搭铁情况检查 查分开关至电动机电路导通情况
所有车窗均不能升降或偶尔不能升降	熔丝被烧断 搭铁不实	检查熔丝 检查、清洁、紧固搭铁
两个后车窗分开关不起作用	总开关出现故障	检查总开关导通情况

1. 电动车窗总开关的检修

① 从驾驶员侧装饰板上拆下电动车窗的主控开关(索纳塔轿车的电动车窗主控开关和中控门锁主控开关是一体的)。主控开关连接器的端子图如图 7-17 所示。

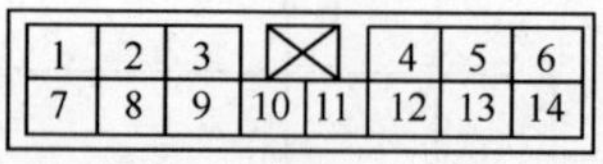

1	2	3	⊠	4	5	6
7	8	9	10	11	12	13	14

图 7-17　电动车窗总开关端子

② 用万用表的欧姆挡按着如图 7-18 所示检查总开关在车窗玻璃处于上升、下降和关闭状态时各个端子的导通情况。若测得结果和表不相符，说明车窗的主开关损坏，要进行更换。

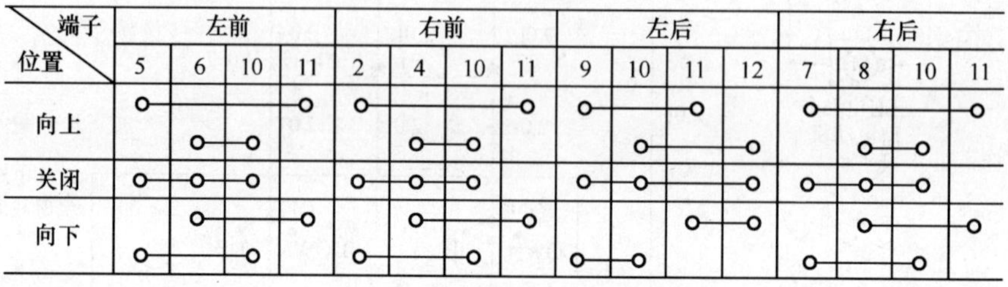

端子 位置	左前				右前				左后				右后			
	5	6	10	11	2	4	10	11	9	10	11	12	7	8	10	11
向上	○—○			○	○—○				○—○				○—○			
关闭		○—○			○—○				○—○				○—○			
向下		○—○		○		○—○				○—○				○—○		

图 7-18　电动车窗总开关检查

2. 电动车窗闭锁开关检查

当开关位于 LOCK 位置时，端子 1 和 11 之间断路；当开关位于 UNLOCK 位置时，端子 1 和 11 之间导通。

3. 电动车窗继电器的检修

索纳塔轿车电动车窗继电器的电路如图 7-16 所示，车窗继电器的端子检查如图 7-19 所示。

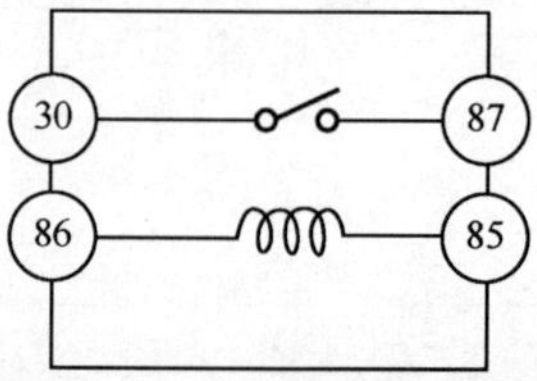

(1) 静态检查

将万用表置于 R×1 挡，测量端子 85 和端子 86 之间应为导通，若不导通说明线圈烧坏。测量端子 30 和端子 87 应为断路，若导通说明开关触点烧结或常闭，应进行更换。

图 7-19　车窗继电器的检查

（2）工作状况检查

用蓄电池的正负极分别接端子 85 和 86，然后用万用表测量端子 30 和 87 应导通，否则应更换。

4. 电动车窗分开关及车窗电动机的检查

（1）电动车窗分开关工作情况检查

用万用表的欧姆挡按着如图 7-20 所示检查分开关在车窗处于上升、下降和关闭状态时各个端子的导通情况。

（2）车窗电动机的检测

车窗电动机检查的基本思路：把蓄电池的正、负极分别接在车窗电动机的两个端子上并互换一次，电动机能够正转、反转，且转速平稳。否则说明电动机有故障，应进行更换。

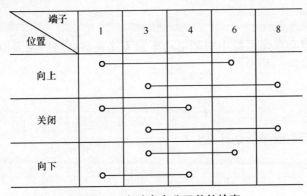

图 7-20 电动车窗分开关的检查

☞ 注意：

在进行车窗电动机的测试时，若电动机停止转动，要立刻断开端子引线，否则会烧坏电动机。

第二部分 任 务 实 施

在任务实施的过程中，将学习的内容运用其中，做到学以致用。

一、工具准备

① 北京现代索纳塔轿车汽车电动车窗、电动车窗电路图。
② 万用表、试灯、连接线、常用工具。

二、技术要求与标准

① 所有操作符合安全操作要求。
② 所有操作符合汽车电动车窗系统维修技术标准。
③ 在操作过程中不允许出现安全事故。

三、要完成的工作

1. 对北京现代索纳塔轿车电动车窗进行以下检查。
① 对电动车窗总开关的检查。

② 对电动车窗闭锁开关检查。

③ 对电动车窗继电器的检查。

④ 对电动车窗分开关及车窗电动机的检查。

2．对北京现代索纳塔轿车电动车窗进行以下故障进行检修。

① 某个车窗只能向一个方向运动。

② 某个车窗两个方向都不能运动。

③ 所有车窗均不能升降或偶尔不能升降。

④ 两个后车窗分开关不起作用。

 任务评价

一、自我评价

1．总结在汽车电动车窗系统中引起电动车窗不能正常调整的主要原因及相关部件。

2．本任务给你印象最深的是什么？

3．自己对学习本任务的自我评价（包括着装、学习态度、知识以及技能掌握程度、工作页的填写情况等）。

二、小组评价

序号	评价项目	评价情况		
		好	中	差
1	出勤情况			
2	着装情况			
3	课堂秩序			
4	学习是否积极主动			
5	学习任务书填写			
6	工具、仪器的使用情况			
7	工具整理、现场清理的情况			

三、教师评价

教师的总体评价：

任务三　汽车电动后视镜的检修

学习目标

◇ 掌握电动后视镜的功用与结构。
◇ 理解电动后视镜的工作原理。
◇ 掌握电动后视镜的常见故障及排除方法。
建议完成本任务的学时为 6 学时。

内容结构

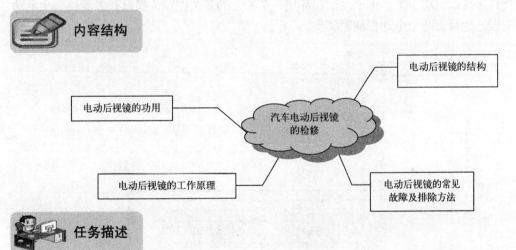

任务描述

学习电动后视镜的结构和工作原理，完成电动后视镜拆装、检测与维修的任务。

第一部分　任务学习引导

驾驶员调整后视镜的位置比较困难，特别是乘客车门一侧的后视镜。使用电力控制系统能很方便的解决这个问题，驾驶员只需在驾驶位置上操纵电动后视镜的开关，就可获得理想的后视镜位置。

一、电动后视镜的组成及结构

汽车电动后视镜一般由镜片、驱动电动机、控制电路及操纵开关等组成。在每个后视镜镜片的背后都有两个可逆电动机，可操纵其上下及左右运动。通常垂直方向的倾斜运动由一个永磁电动机控制，水平方向的倾斜运动由另一个永磁电动机控制。后视镜的结构和典型开关如图 7-21 所示。

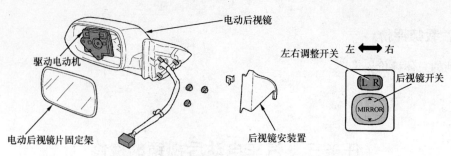

图 7-21   电动后视镜的结构和控制开关示意图

二、电动后视镜控制电路及工作原理

下面以北京现代索纳塔轿车和本田雅阁轿车的电动后视镜电路为例，介绍电动后视镜的控制电路的工作原理。

1. 北京现代索纳塔轿车电动后视镜电路

图 7-22 所示为北京现代索纳塔轿车的双后视镜控制电路。图 7-23 所示为其电动后视镜的开关及其连接器的端子图。每个后视镜都用一个独立的开关控制。操纵开关能使一个电动机单独工作，也可使两个电动机同时工作。

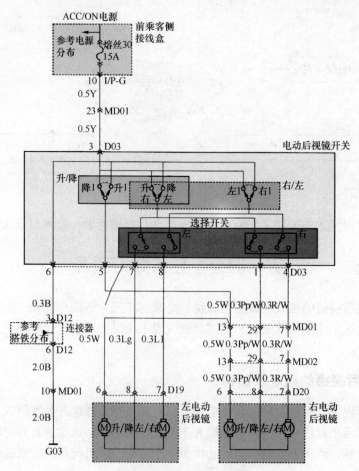

图 7-22   北京现代索纳塔轿车电动后视镜电路

图 7-23 电动后视镜开关及其连接器的端子图

电路分析如下。

首先说明电动后视镜开关中用实线框和虚线框分别表示操作时总开关内部的联动情况。在这里只讨论一侧后视镜中一个电动机的工作情况。若要调节左后视镜垂直方向的倾斜程度，按下"升/降"按钮。

(1)"升"的过程

实线框"升/降"开关中的箭头开关均和"升"接通，此时电流的方向为：电源→熔丝30→开关端子 3→"升右"端子→选择开关中的"左"→端子 7→左电动后视镜连接端子 8→"升/降"电动机→端子 6→开关端子 5→升 1→开关端子 6→搭铁，形成回路，这时左后视镜向上旋转运动。

(2)"降"的过程

实线框"升/降"开关中的箭头开关均和"降"接通，此时的电流方向为：电源→熔丝30→开关端子 3→降 1→开关端子 5→左电动后视镜连接端子 6→升/降"电动机→"左电动后视镜连接端子 8→开关端子 7→选择开关中的"左"→"降左"端子→开关端子 6→搭铁，形成回路，此时后视镜向相反的方向旋转。

电动后视镜的左右运动的电路分析与此类似，此处不再赘述。

2. 本田雅阁轿车电动后视镜控制电路

图 7-24 所示为本田雅阁轿车电动后视镜的控制电路，下面以左侧后视镜为例简单分析其工作过程。此电动后视镜开关中上面的 4 个开关为共用的后视镜方向调节开关，下面两个开关为控制左侧或右侧电动后视镜的联动分开关。

(1)左侧后视镜向下旋转

首先将电动后视镜开关中下面的联动分开关按至"左"位置。然后按下"下"，此时电路的电流方向为：蓄电池＋→熔丝 22 和 23→点火开关→熔丝 30→电动后视镜开关端子 6→联动开关"下"的左端→左侧后视镜开关→电动后视镜开关端子 9→左电动后视镜"上下"调节电动机→电动后视镜开关端子 2→左侧后视镜开关→联动开关"下"的右端→搭铁，左侧后视镜实现向下旋转。

(2)左侧电动后视镜向上旋转

此时，电动后视镜开关中下面的联动开关依然在"左"的位置，按下"上"，电流的流向为：蓄电池＋→熔丝 22 和 23→点火开关→熔丝 30→电动后视镜开关端子 6→联动开关"上"的右端→左侧后视镜开关→电动后视镜开关端子 2→左电动后视镜"上下"调节电动机→电动后视镜开关端子 9→左侧后视镜开关→联动开关"上"的右端→搭铁，左侧后视镜实现向上旋转。

电动后视镜的左右运动的电路分析与此类似，此处不再赘述。

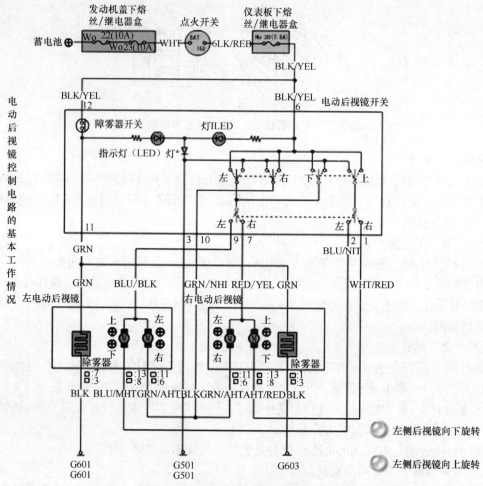

图 7-24　本田雅阁轿车电动后视镜电路

三、电动后视镜的检修

以北京现代索纳塔轿车电动后视镜为例，介绍电动后视镜的检修。当电动后视镜出现故障时，首先检查熔丝、电路连接和搭铁情况，若仍不能排除故障，则应检查开关和电动机是否良好。出现故障时要结合电路、上述的检查顺序以及表 7-3 中的情况来分析故障的原因和解决方法。

表 7-3　　　　　　　　　　　　　电动后视镜故障诊断表

故障现象	故障原因	故障排除方法
电动后视镜均不能动	熔丝熔断 搭铁不良 后视镜开关损坏 后视镜电动机损坏	检查确认熔断后更换 修理 更换 更换
一侧电动后视镜不能动	后视镜开关损坏 电动机损坏 搭铁不良	更换 更换 修理

续表

故障现象	故障原因	故障排除方法
一侧电动后视镜上下方向不能动	上下调整电动机损坏 搭铁不良	更换 修理
一侧电动后视镜左右方向不能动	左右调整电动机损坏 搭铁不良	更换 修理

1. 电动后视镜开关的检查

电动后视镜的连接端子如图 7-25 所示，检查时从开关上拔下连接器，检查各个端子的导通情况，如不导通，要更换开关。

后视镜	动作 \ 端子号	1	2	3	4	5	6	7	8
左	UP			○		○—○		○—○	
	DOWN			○			○—○		○
	OFF			○				○	
	LEFT			○		○—○			○
	RIGHT						○		○
右	UP	○		○—○		○—○			
	DOWN	○		○	○		○		
	OFF	○		○—○		○			
	LEFT			○—○					
	RIGHT	○		○—○					

图 7-25　电动后视镜开关总成的检查

2. 电动后视镜电动机的检查

电动后视镜检查的基本思路是把蓄电池的正、负极分别接至电动后视镜电动机连接器端子，端子如图 7-26 所示，检查时把蓄电池正负极分别接在各端子之间，检查电动机的工作情况。图 7-27 所示为接线及检查示意图。

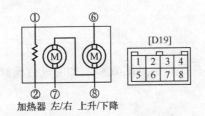

加热器　左/右　上升/下降

图 7-26　电动后视镜电动机的连接器端子

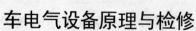

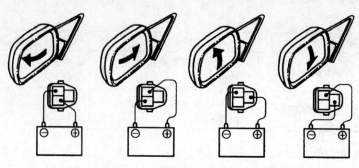

图 7-27　电动后视镜电动机的检查示意图

第二部分　任 务 实 施

在任务实施的过程中，将学习的内容运用其中，做到学以致用。

一、工具准备

① 北京现代索纳塔轿车汽车电动后视镜、电动后视镜电路图。
② 万用表、试灯、连接线、常用工具。

二、技术要求与标准

① 所有操作符合安全操作要求。
② 所有操作符合汽车电动后视镜系统维修技术标准。
③ 在操作过程中不允许出现安全事故。

三、要完成的工作

1. 对北京现代索纳塔轿车电动后视镜进行以下检查
① 对电动后视镜开关的检查。
② 对电动后视镜电动机检查。
2. 对北京现代索纳塔轿车电动后视镜进行以下故障进行检修
① 电动后视镜均不能动。
② 一侧电动后视镜不能动。
③ 一侧电动后视镜上下方向不能动。
④ 一侧电动后视镜左右方向不能动。

 任务评价

一、自我评价

1. 汽车电动后视镜系统有哪些常见的故障，如何进行检修？

2．本任务给你印象最深的是什么？

3．自己对学习本任务的自我评价（包括着装、学习态度、知识以及技能掌握程度、工作页的填写情况等）。

二、小组评价

序号	评价项目	评价情况		
		好	中	差
1	出勤情况			
2	着装情况			
3	课堂秩序			
4	学习是否积极主动			
5	学习任务书填写			
6	工具、仪器的使用情况			
7	工具整理、现场清理的情况			

三、教师评价

教师的总体评价：

项目八　汽车中控门锁与防盗系统的检修

任务一　中控门锁的检修

学习目标

◇　熟悉中控门锁的功用与种类。
◇　掌握中控门锁的基本结构。
◇　理解中控门锁的工作原理。
◇　掌握中控门锁故障检修方法。
建议完成本任务的学时为 6 学时。

内容结构

任务描述

　　学习汽车中控门锁的结构及与原理，完成识读汽车中控门锁的控制电路、检测汽车中控门锁元件和排除中控门锁常见故障的任务。

第一部分　任务学习引导

一、中控门锁的功用与组成

1. 中控门锁的功用

　　① 将驾驶员车门锁扣按下时，其他几个车门，包括后车门或行李箱门都能同时自动锁住；如用钥匙锁门，也可同时锁好其他车门和行李箱门。

　　② 将驾驶员车门锁扣拉起时，其他几个车门，包括后车门或行李箱门都能同时自动打开；

如用钥匙开门门，也实现该功能。

③ 在车内个别车门需打开时，可分别拉开各自的锁扣。

2. 中控门锁的组成

中控门锁一般包括门锁控制开关、钥匙操纵开关、门锁总成、行李箱开启器及门锁控制器等。

图 8-1 所示为典型的中央门锁控制系统及其组件的安装位置。

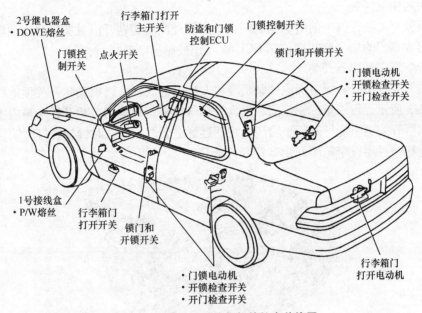

图 8-1 中控门锁系统各部件的安装位置

（1）门锁控制开关

门锁控制开关一般安装在驾驶员侧前门内的扶手上，通过门锁控制开关可以同时锁上和打开所有的车门。

（2）门锁总成

门锁总成主要由门锁传动机构、门锁位置开关、外壳等组成，其结构示意图如图 8-2 所示。

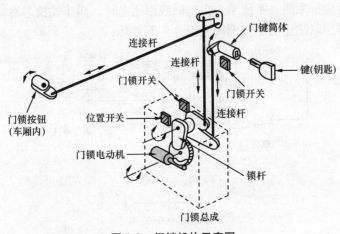

图 8-2 门锁机构示意图

门锁传动机构主要由门锁电动机、涡轮齿轮组等组成。门锁电动机是门锁的执行器，当门锁电机转动时，蜗杆带动涡轮转动，涡轮推动锁杆，车门被锁上或打开，然后涡轮在回位弹簧的作用下返回原位置，防止操纵门锁钮时电动机工作。

门锁位置开关位于门锁总成内，用来检测车门的锁紧状态，由一个触点片和一个开关底座组成。当锁杆推向锁门位置时，位置开关断开，推向开门位置时接通。即当车门关闭时，此开关断开，当车门打开时，此开关接通。

（3）钥匙操纵开关

钥匙操纵开关装在每个前门的钥匙门上，当从外面用钥匙开门或关门时，钥匙控制开关便发出开门或锁门的信号给门锁控制 ECU 或门锁控制继电器。

（4）行李箱门开启器开关

一般该开关位于仪表板下面或驾驶员座椅左侧车厢底板上，拉动此开关便能打开行李箱门，如图 8-3 所示。行李箱的钥匙门靠近其开启器，推压钥匙门，断开行李箱内主开关，此时再拉开启器开关也不能打开行李箱门。将钥匙插进钥匙门内顺时针旋转打开钥匙门，主开关接通，这样便可用行李箱门开启器打开行李箱。

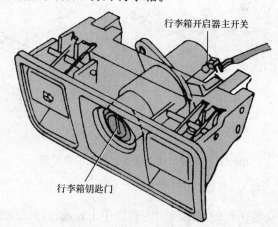

图 8-3　行李箱门开启器开关

（5）行李箱门开启器

行李箱门开启器装在行李箱门上，一般用电磁线圈代替电动机，由轭铁、插棒式铁芯、电磁线圈和支架组成。如图 8-4 所示。当电磁线圈通电时，插棒式铁芯将轴拉入并打开行李箱门。线路断路器用以防止电磁线圈因电流过大而过热。

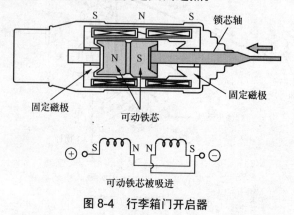

图 8-4　行李箱门开启器

二、门锁控制器及中控门锁的工作原理

门锁控制器的形式比较多，常见的有继电器式，集成电路（IC）-继电器式，车速感应式，微电脑（ECU）控制式等。

1. 继电器控制的中控门锁控制系统

图 8-5 所示为使用门锁继电器的中控门锁控制电路。

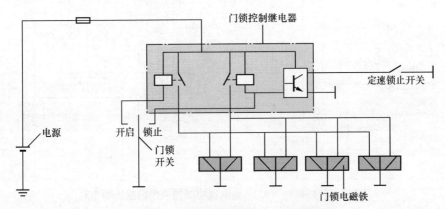

图 8-5 门锁继电器控制的中控门锁电路

当用钥匙转动锁芯，门锁开关中的"开启"触点闭合时，这样电流便经过蓄电池的正极、熔丝、开锁继电器线圈后经门锁开关搭铁，开锁继电器开关闭合，电流经过门锁电动机或门锁电磁线圈搭铁，4 个车门同时打开。当用钥匙转动锁芯，门锁开关中的"锁止"触点闭合时，锁止继电器通电使其开关闭合，4 个车门同时锁住。定速锁止开关受车速的控制，可以实现自动闭锁。

2. 集成电路（IC）-继电器控制的中控门锁系统

图 8-6 所示为集成电路（IC）-继电器控制的中控门锁系统电路。门锁控制器由一块集成电路（IC）和两个继电器组成，IC 电路可以根据各种开关发出的信号来控制两个继电器的工作情况。此电路中的 D 和 P 代表驾驶员侧和副驾驶员侧。

（1）用门锁控制开关锁门和开锁

① 锁门

将门锁控制开关推向"锁门"（LOCK）一侧时，门锁继电器的端子 10 通过门锁控制开关接地，将 Tr1 导通。当 Tr1 导通时，电流流至 1 号继电器线圈，1 号继电器开关闭合，电流流至门锁电动机，所有车门均被锁住。

② 开锁

将门锁控制开关推向"开锁"（UNLOCK）一侧时，门锁继电器的端子 11 通过门锁控制开关接地，将 Tr2 导通。当 Tr2 导通时，电流流至 2 号继电器线圈，2 号继电器开关闭合，如图 8-7 所示，电流反向通过门锁电动机，所有的车门打开。

（2）用钥匙操纵开关锁门和开锁

① 锁门

将钥匙操纵开关转向"锁门"（LOCK）一侧时，门锁继电器的端子 12 通过门锁控制开关接地，将 Tr1 导通。当 Tr1 导通时，电流流至 1 号继电器线圈，1 号继电器开关闭合，电

流流至门锁电动机,所有车门均被锁住。

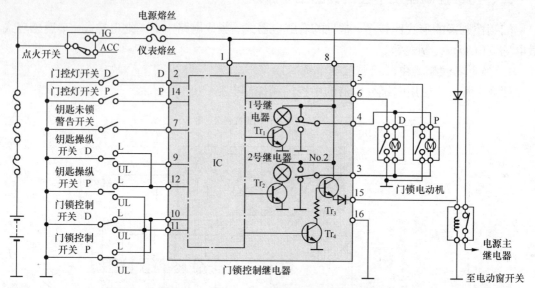

图 8-6 集成电路(IC)-继电器控制的中控门锁控制电路

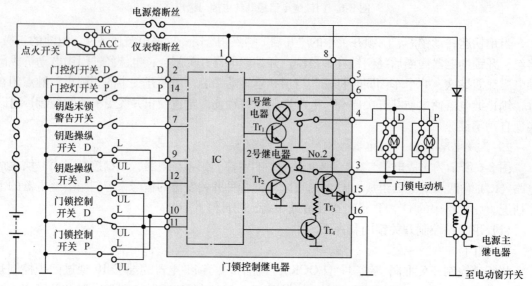

图 8-7 集成电路(IC)-继电器控制的中控门锁开锁过程

② 开锁

将钥匙操纵开关推向"开锁"(UNLOCK)一侧时,门锁继电器的端子 9 通过门锁控制开关接地,将 Tr2 导通。当 Tr2 导通时,电流流至 2 号继电器线圈,2 号继电器开关闭合,电流反向通过门锁电动机,所有车门均被打开。

3. 车速感应式中控门锁

在中控锁系统中加载车速为 10km/h 的感应开关,当车速在 10km/h 以上时,若车门未关上锁,则不需驾驶员动手,门锁控制器会自动将门上锁。如果个别车门要自行开门或锁门可分别操作,电路图如图 8-8 所示。

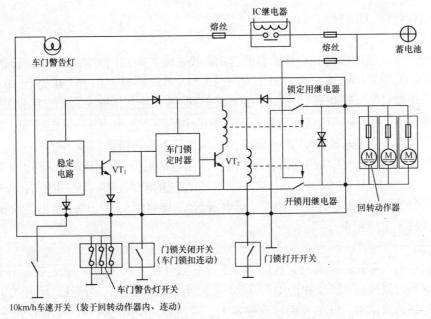

图 8-8 车速感应式中央控制电动门锁电路

当点火开关接通时，电流流经报警灯可使 3 个车门的报警灯开关（此时门未锁）搭铁，报警灯亮。若按下锁门开关，定时器使晶体管 VT_2 导通一下，在晶体管 VT_2 导通期间，锁定继电器通电，动合触点闭合，门锁执行机构通正向电流，执行锁门动作。当按下开锁开关，汽车行驶时，若车门未锁，且车速低于 10km/h 时，置于车速表内的 10km/h 车速感应开关闭合，此时稳态电路不向晶体管 VT_1 提供电流；当行车速度高于 10km/h 时，10km/h 车速感应开关断开，此时稳态电路给晶体管 VT_1 提供电流，VT_1 导通，定时器发端经 VT_1 和车门报警开关搭铁，如同时按下锁门开关一样，使车门锁定，从而保证行车安全。

4. 微电脑（ECU）控制的中控门锁系统

图 8-9 所示为使用了防盗和中控门锁 ECU 的控制电路，下面分析其工作过程和基本工作原理。

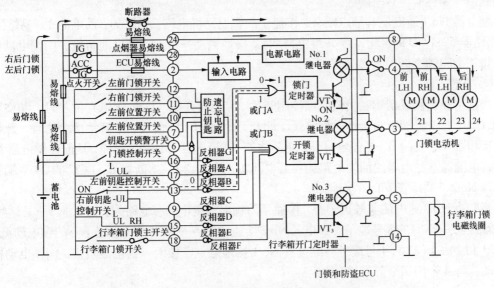

图 8-9 汽车中控门锁系统电路

（1）用钥匙锁门和开锁

① 锁门

当把钥匙插入驾驶员侧或副驾驶员侧门锁的锁芯内并向锁门方向转动时，钥匙控制开关 16 将锁门侧（LOCK）接通，这样 ECU 端子 13 和接地端接通，相当于开关 16 向 ECU 输入锁门信号。此信号经过反相器 C、或门 A、锁门定时器，使晶体管 VT_1（起开关作用）导通，从而使继电器 No.1 通电。电流通过继电器线圈的电路为：蓄电池 1→易熔线 3→熔断器 6→ECU 的 24 号端子→继电器 No.1 的电磁线圈→晶体管 VT_1→接地。

继电器 No.1 号通电使其触点闭合，接通了门锁电动机电路。电路为：蓄电池 1→易熔线 2、4→断路器 5→ECU 的 8 号端子→继电器 No.1 接通的触点→ECU 的 4 号端子→门锁电动机 21、22、23 和 24→ECU 的 3 号端子→继电器 No.2 接地触点→接地→蓄电池负极。门锁电动机转动，将 4 个门锁全部锁上。

② 开锁

当将钥匙插入驾驶员侧或乘员侧门锁锁芯内并向开锁方向转动时，钥匙控制开关 16 向开门（UNLOCK）侧接通，防盗和门锁 ECU20 的 9 号端子与接地之间接通，即开关 16 向 ECU 输入一个开锁请求信号。此信号经过反相器 D、或门 B、开锁定时器，使晶体管 VT_2 接地。

继电器 No.2 通电使其触点闭合，接通了门锁电动机电路。电路为：蓄电池 1→易熔线 2、4→断路器 5→ECU 的 8 号端子→继电器 No.2 接通的触点→ECU 的 3 号端子→门锁电动机 21、22、23 和 24→ECU 的 4 号端子→继电器 No.1 接地触点→接地→蓄电池负极。门锁电动机反向转动全部开锁。

（2）用门锁控制开关锁门和开锁

① 锁门

把驾驶员侧或副驾驶员侧门锁控制开关 15 推向锁门（LOCK）位置时，防盗和门锁 ECU20 的 16 号端子与接地之间接通，即开关 15 向 ECU 输入一个锁门请求信号。此信号经过反相器 A、或门 A、锁门定时器，使晶体管 VT_1（起开关作用）导通，从而使继电器 No.1 通电。电流通过继电器线圈的电路为：蓄电池 1→易熔线 3→熔断器 6→ECU 的 24 号端子→继电器 No.1 电磁线圈→晶体管 VT_1→接地。

继电器 No.1 通电使其触点闭合，接通了门锁电动机电路。电路为：蓄电池 1→易熔线 2、4→断路器 5→ECU 的 8 号端子→继电器 No.2 接地触点→接地→蓄电池负极。门锁电动机转动，将 4 个门锁全部锁上。

② 开锁

当把驾驶员侧或副驾驶员侧门锁控制开关 15 推向开锁（UNLOCK）位置时，防盗和门锁 ECU20 的 17 号端子与接地之间接通，即开关 15 向 ECU 输入一个开锁请求信号。此信号经过反相器 B、或门 B、开锁定时器，使晶体管 VT_2（起开关作用）导通，从而使继电器 No.2 通电，电流通过继电器线圈的电路为：蓄电池 1→易熔线 3→熔断器 6→ECU 的 24 号端子→继电器 No.2→晶体管 VT_2→接地。

蓄电池 No.2 通电使其触点闭合，接通了门锁电动机电路。电路为：蓄电池 1→易熔线 2、4→断路器 5→ECU 的 8 号端子→继电器 No.2 接通的触点→ECU 的 3 号端子→门锁电动机 21、22、23 和 24→ECU 的 4 号端子→继电器 No.1 接地触点→接地→蓄电池负极。门锁电动机反向转动，将 4 个门锁全部开锁。

（3）行李箱门锁的控制

当主开关 19 和行李箱锁开关的 18 接通时，防盗和门锁 ECU20 的 18 号端子与接地之间接通，即向 ECU 出入一个行李箱开锁请求信号。此信号经过反相器 F 和行李箱开锁定时器，使晶体管 VT_3（起开关作用）导通，从而使继电器 No.3 电磁线圈通电。电流通过继电器线圈的电路为：蓄电池 1→易熔线 3→熔断器 6→ECU 的 24 号端子→继电器 No.3 的电磁线圈→晶体管 VT_3→接地。

继电器 No.3 通电使其触点闭合，接通了行李箱门锁电磁线圈的电路。电路为：蓄电池 1→易熔线 2、4→断路器 5→ECU 的 8 号端子→继电器 No.3 接通的触点→ECU 的 5 号端子→行李箱门锁电磁线圈 25→接地→蓄电池负极，从而使行李箱门锁打开。

（4）防止点火钥匙锁入车内

若驾驶员未从点火开关中拔出点火钥匙便打开前车门，准备离开，由于前车门打开和点火钥匙未拔出，门锁开关 10 和钥匙警告开关 14 均保持接通状态，并将信号送给 ECU 的防止钥匙遗忘电路。此时，当按下门锁按钮（或门锁控制开关）锁门时，门立刻被锁上。但位置开关 12（或门锁控制开关）经 ECU 的 10 号（或 16 号）端子，将一信号送给防止钥匙遗忘电路，再经反向器 D 或门 B、开锁定时器到晶体管 VT_2，使 VT_2 导通，继电器 No.2 电磁线圈通电，因而使所有门锁开锁。

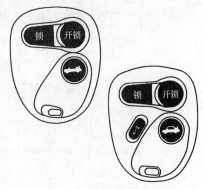

三、遥控门锁系统

为了便于操作，现在很多汽车的中控门锁系统均配备了遥控发射器来实现锁门和开门等功能。图 8-10 所示为发射钥匙的外观图。

图 8-10 遥控发射器外观图

遥控门锁的基本原理是通过遥控门锁的发射器发出微弱电波，此电波由汽车天线接收后送至中控门锁系统中的 ECU 进行识别对比，若识别对比后的代码一致 ECU 将把信号送至执行器来完成相应的动作。其工作过程示意图如图 8-11 所示。

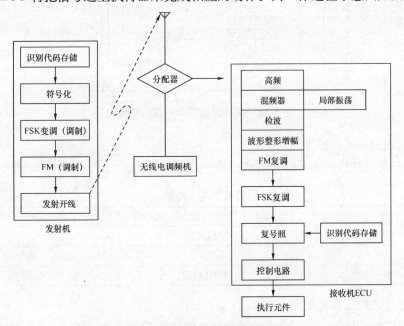

图 8-11 遥控门锁工作示意图

四、中控门锁的检修

各个车型的中控门锁电路区别较大，因此在进行检修时要结合具体的维修手册进行。但检修的方法和检修部位基本相似。下面结合丰田威驰轿车的中控门锁系统，分析中控门锁的检修过程。图 8-12 所示为丰田轿车中控门锁系统的电路图。

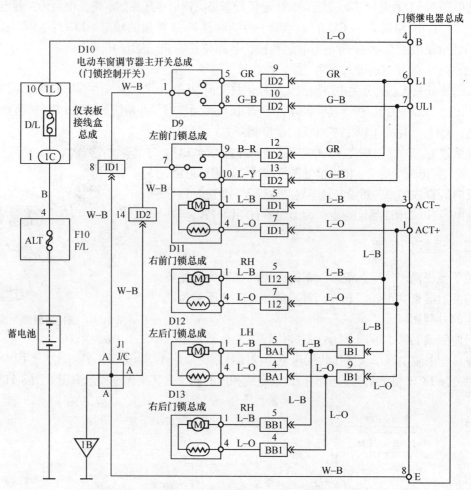

图 8-12　丰田威驰轿车中控门锁电路

1. 门锁控制开关的检查

拆下主开关，结合表 8-1 检查门锁控制开关的导通性。

表 8-1　　　　　　　　　　门锁开关端子检查

端子号	开关位置	标准状态
1—5	LOCK	导通
—	OFF	不导通
1—8	UNLOCK	导通

2. 检查左前门门锁总成

① 检查门锁电动机，用蓄电池的正负极直接连接端子 4 和端子 1，检查门锁电动机的工

作情况，具体的标准结合表 8-2 所示。

表 8-2　　　　　　　　　　　左前门锁端子的检查

测量条件	标准状态
蓄电池"+"—端子 4 蓄电池"-"—端子 1	上 锁
蓄电池"+"—端子 1 蓄电池"-"—端子 4	开 锁

② 检查门锁在开锁和锁门时开关的导通情况，具体的标准结合表 8-3 所示。

表 8-3　　　　　　　　　　　门锁总成端子的检查

端子号	门锁位置	标准状态
7 和 9	上锁	导通
—	OFF	—
7 和 10	开锁	导通
7 和 8	上锁	不导通
	开锁	导通

3. 检查右前门门锁总成（如表 8-4 所示）

表 8-4　　　　　　　　　　　右前门锁电动机的检查

测量条件	标准状态
蓄电池"+"—端子 4 蓄电池"-"—端子 1	上锁
蓄电池"+"—端子 1 蓄电池"-"—端子 4	开锁

4. 检查左后门门锁总成（如表 8-5 所示）

表 8-5　　　　　　　　　　　左后门门锁电动机的检查

测量条件	标准状态
蓄电池"+"—端子 4 蓄电池"-"—端子 1	上锁
蓄电池"+"—端子 1 蓄电池"-"—端子 4	开锁

5. 检查右后门门锁总成（如表 8-6 所示）

表 8-6　　　　　　　　　　　右后门门锁电动机的检查

测量条件	标准状态
蓄电池"+"—端子 4 蓄电池"-"—端子 1	上锁
蓄电池"+"—端子 1 蓄电池"-"—端子 4	开锁

6. 遥控门锁及遥控器的检修

下面以丰田威驰轿车为例说明遥控门锁及遥控器的检修，图 8-13 所示为带有遥控的中控门锁电路图。

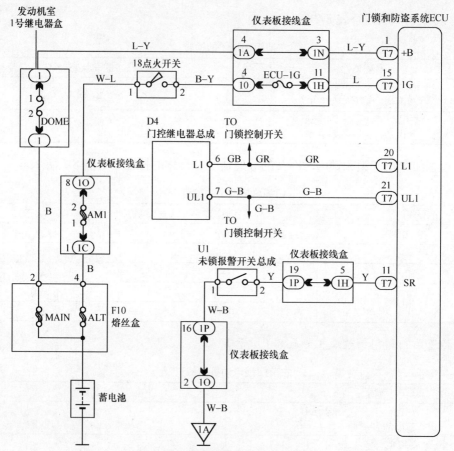

图 8-13 带有遥控的中控门锁电路

（1）检查遥控门锁的工作情况时应注意的问题

① 电动门锁系统工作正常。

② 所有的车门均关闭。若有任意一个门开着，则其他的车门无法锁上。

③ 点火开关钥匙孔里没有钥匙。

（2）遥控器的检查

遥控器基本功能的检查如下。

① 当钥匙上任何开关按 3 次时，检查发射器的发光二极管是否亮了 3 次。若发光二极管没有闪烁，说明遥控器缺电，应按着图 8-14 所示更换电池。

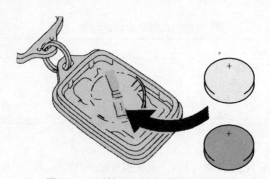

图 8-14 遥控器电池的检查和更换

② 检查能否用遥控器锁上和打开所有的车门。

③ 按下 LOCK 开关时，检查警告灯应该闪烁一次，同时锁上所有的车门。

④ 按下 UNLOCK 时，检查警告灯应该闪烁两次，同时打开所有的车门。

⑤ 按下 PANIC 开关不少于 1.5s 时，检查防盗警报器应该鸣叫，警告灯开始闪烁，再次按下 UNLOCK 开关或 PANIC 开关时，声音和闪烁应停止。

第二部分　任务实施

在任务实施的过程中，在丰田威驰轿车中控门锁实习台架上进行中控门锁电路的识读，并通过丰田威驰轿车台架上中控门锁的检测，达到会分析中控门锁控制电路，能排除中控门锁常见故障的目标。

一、工具准备

① 丰田威驰轿车。

② 万用表、试灯、连接线、常用工具。

二、技术要求与标准

① 所有操作符合安全操作要求。

② 所有操作汽车中控门锁系统维修技术标准。

③ 在操作过程中不允许出现安全事故。

三、要完成的工作

参照丰田威驰轿车中控门锁系统电路图，对丰田威驰轿车的中控门锁系统进行如下检测。

① 门锁控制开关的检查。

② 检查左前门门锁总成。

③ 检查右前门门锁总成。

④ 检查左后门门锁总成。

⑤ 检查右后门门锁总成。

⑥ 遥控门锁及遥控器的检修。

 任务评价

一、自我评价

1. 中控门锁的作用是什么，包括哪几部分？

2. 简述感应式中控门锁的工作原理。

3．自己对学习本任务的自我评价（包括着装、学习态度、知识以及技能掌握程度、工作页的填写情况等）。

二、小组评价

序号	评价项目	评价情况		
		好	中	差
1	出勤情况			
2	着装情况			
3	课堂秩序			
4	学习是否积极主动			
5	学习任务书填写			
6	工具、仪器的使用情况			
7	工具整理、现场清理的情况			

三、教师评价

教师的总体评价：

任务二　汽车防盗系统的检修

 **学习目标**

◇ 理解防盗系统的功用与种类。
◇ 掌握防盗系统的基本结构。
◇ 掌握防盗系统的工作原理。
◇ 掌握防盗系统故障检修方法。
建议完成本任务的学时为 6 学时。

内容结构

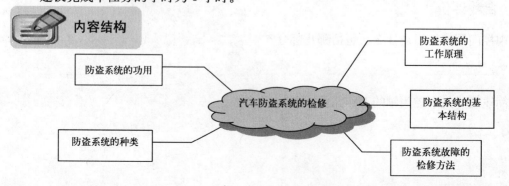

任务描述

学习汽车防盗系统的结构及工作原理，完成对汽车防盗系统进行检测，解决汽车防盗系统的故障的任务。

第一部分 任务学习引导

一、汽车防盗系统的功能与种类

汽车防盗系统的任务是使偷盗者放弃偷盗汽车的企图。理想的防盗装置应使偷盗者不能开动汽车，使之迷惑不解，并能使汽车发出报警信号，给偷盗者一种心理上的打击。警报一般以灯光闪烁与发声报警形式发出，警报发生后持续时间约为 1min,但发动机起动电路直到车主用车钥匙打开汽车车门锁之前都始终处于断路状态。

常用的汽车防盗装置有 3 类：机械式、电子式和网络式。

1. 机械式防盗装置

机械式防盗装置是比较常见而又古老的防盗方式，就是在开车所必须用到的零件上加锁，其结构和原理也比较简单，只是将转向盘、控制踏板、钢圈或挂挡手柄锁住。由于其价格相对便宜所以在一定时期被广泛应用，但是因为其每次拆装麻烦，不用时还要将其找地方放置，安全性也太差，所以正在趋于淘汰。

2. 电子式防盗装置

当前主要采用的是电子式防盗器，按系统中是否使用微电脑处理系统，电子防盗系统可分为普通电子防盗系统和微电脑控制防盗系统。目前，中低档汽车上所采用的防盗系统多为振动触发的普通电子防盗系统，中高档汽车采用的防盗系统多为微电脑控制的电子钥匙式发动机防盗。

当电子式防盗系统起动后，如有非法移动车辆、划破风窗玻璃、破坏点火开关锁芯，拆卸轮胎和音响、打开车门、打开燃油箱加注盖、打开行李箱门等，防盗器立刻报警。报警方式有灯光闪烁、警笛长鸣、发射电波报警。有些车还可以在报警同时切断启动电路、切断燃油供给或点火系统、切断喷油控制电路、切断发动机 ECU 接地电路，使发动机不能启动和运转，使车辆处于完全瘫痪状态，如图 8-15 所示。

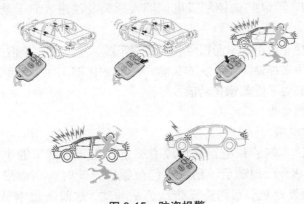

图 8-15 防盗报警

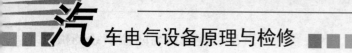

电子式防盗器按功能分为 3 类。

① 防止非法进入车辆的防盗系统。防盗系统启用后，通过监视是否有移动物体进入车内达到防盗。

② 防止破坏或非法搬运车辆的防盗系统。系统启用后，通过超声波传感器、振动传感器或倾斜传感器监测是否有人破坏或搬动车辆。

③ 防止车辆被非法开走的防盗系统。此类防盗系统多采用带密码锁的遥控系统，通过校验密码，确定是否容许接通启动机、点火电路等，防止车辆被非法开走。

现代防盗系统采用电子应答的方法来判断使用的钥匙是否合法，并以此确定是否容许发动机 ECU 工作。水平较高的防盗器还具备遥控器报警、遥控启动等功能。

3. 网络式防盗装置

该类系统目前大体有两种：一是利用车仔台（对讲机）通过中央控制中心进行定位监控。二是利用卫星进行定位跟踪（GPS）。这两种防盗系统的技术含量都很高，但必须在没有盲区的网络（包括中国移动 GSM、中国联通 CDMA）的支持下才能工作，更主要的是需要政府配合公安部门设立监控中心。该类系统发达国家已开始试用，由于上述条件的限制，我国还没有正式批量使用。不过随着智能交通和通信技术的发展、成熟，该技术必将广泛应用在汽车领域。

二、电子防盗系统的组成和工作原理

1. 电子防盗系统的组成

电子防盗系统的组成有 3 个部分：开关和传感器、防盗 ECU 和执行机构，如图 8-16 所示。

电子防盗系统主要有防盗器微电脑和天线、振动传感器、报警喇叭、点火系统切断电路、转向灯控制电路、防盗指示灯、遥控器、制动控制电路以及中控门锁控制电路。当用钥匙锁好车门时，系统进行自检，防盗灯点亮，30s 后防盗灯开始闪烁，表明系统起动进入警戒状态。当第三方试图开启门锁或打开车门时系统则发出警报。

2. 电子防盗系统的基本工作原理

图 8-17 所示为克莱斯勒轿车防盗系统。防盗控制微电脑的主要输入信号由遥控模块、左右车门锁芯开关和 4 个车门微开开关提供。如果有人非法开启车门，使车门微开开关接通并将此信号送给防盗控制微电脑，而遥控模块和车门锁芯开关并没将开门信号送给防盗控制微电脑，所以防盗控制微电脑即判断为非法进入，于是接通防盗扬声器和报警灯的电路。

这种防盗系统的功能简单，只能报警和恐吓窃车贼，不能阻止车辆被开走或搬走，所以人们又从两个方面入手来加强防盗系统的功能，一是使中央门控锁功能增强，二是在当前一功能失效时增强其他必要手段的锁止功能。

（1）增强中央门锁功能

① 测量门锁钥匙电阻

如图 8-18 所示，车辆的每把钥匙均设有一定电阻，每部车的中央控制电脑将记住该电阻值。当 PASS-KEY 启动后，所有车门被锁住，此时若用齿形相同但阻值不同的钥匙开启车门或启动发动机，则防盗系统认为是非法。这时防盗喇叭会响，同时会切断启动断电器控制线圈的搭铁回路，使启动机不能工作，同时控制发动机电脑使喷油器不再喷油。

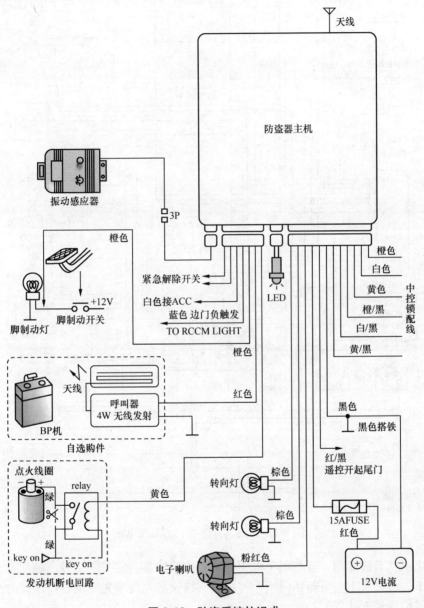

图 8-16 防盗系统的组成

② 加装密码锁

车用密码锁的功能与钥匙、遥控器处于同一地位，即用其中任何一种方法都可以打开车门，这样，加装密码锁后，车主就无需为保管好钥匙或遥控器而头疼。密码锁有十位键，而密码则一般取 5 位数。也就是说，密码共有十万种组合。已设定的密码也可以由车主任意改变，所以车主不必担心密码被窃取。

③ 遥控器增加保险功能

对于窃贼来说只要能复制遥控器就可以轻松打开车门。普通遥控器的复制对于专业人士来说并不是难事，只要用一台示波器测出遥控器发出的无线电信号的频率即可。

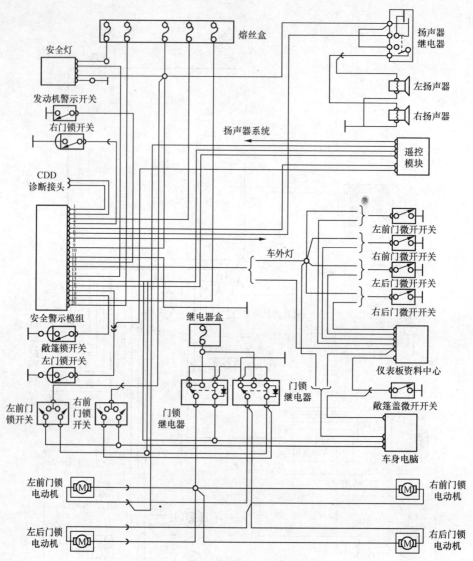

图 8-17　克莱斯勒轿车防盗系统电路

　　为防止遥控器被复制，有些汽车采用一种新的遥控器，它与防盗微电脑配合，由固定程序设定频率，即每次车主重新锁门后，遥控器与接收器均按事先设定的程序同时改变另一频率，这样遥控器便无法复制。

　　当然，仅靠增强门锁还不够，还要使窃贼即使强行打开车门也无法将车开走，下面介绍增强汽车锁止功能的几种方法。

　　（2）增强汽车锁止功能

　　① 使启动机无法工作

　　图 8-19 所示为沃尔沃车的防盗微电路。该图右上角有一根线是接启动机断电器的。该线外端连接至断电器控制电路，通过防盗微电脑来控制该线是否搭铁，从而控制断电器是否闭合，这样就达到控制启动机能否工作的目的。若有人正常解除防盗警戒，则启动机与喇叭、灯光都处于正常工作状态，若有人非法进入而发动车辆，即使短接钥匙孔后面的启动线，也无法将发动机启动，以达到防盗的功能。

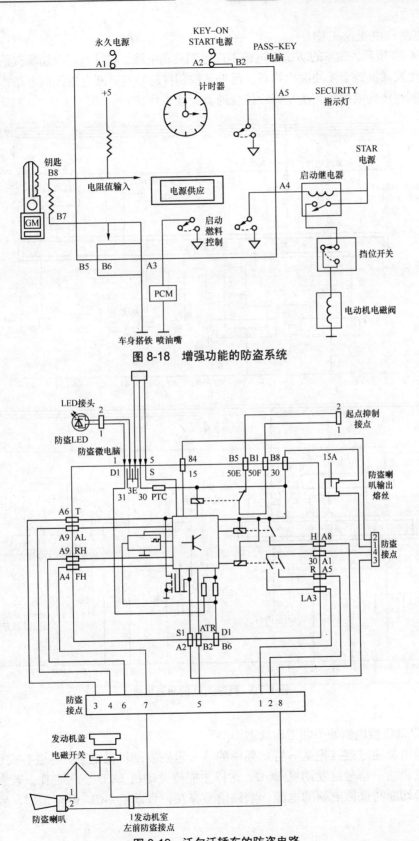

图 8-18 增强功能的防盗系统

图 8-19 沃尔沃轿车的防盗电路

② 使发动机无法工作

如图 8-20 所示，该车的防盗微电脑不仅控制启动电路，同时也可以切断汽油泵断电器控制线路，使发动机处于无油供给状态，另外又控制自动变速器断电器控制电路，使自动变速器液压控制阀体的电磁阀无法打开，使变速器无法工作。

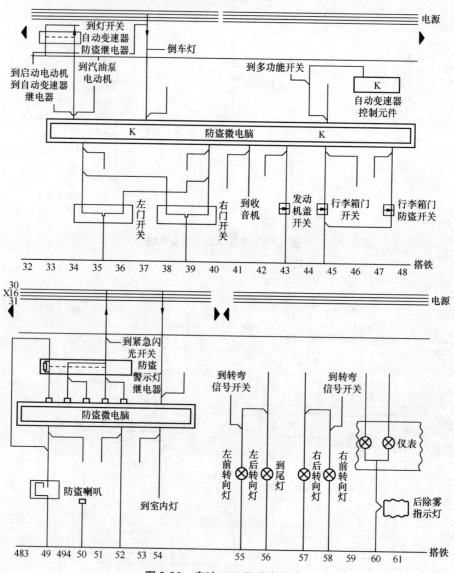

图 8-20 奥迪 100 的防盗电路

③ 使发动机微电脑处于非工作状态

防盗微电脑通过连线把某一特定频率的信号送到发动机微电脑，防盗警戒解除后，防盗微电脑发出这一信号给发动机 ECU，这样才能使发动机 ECU 正常工作。若未解除防盗警戒或直接切断防盗微电脑的电源，则该信号存在，发动机 ECU 停止工作，发动机不能运转。

三、电子防盗系统的布置

图 8-21 所示为一般车辆防盗装置在车上的布置示意图。

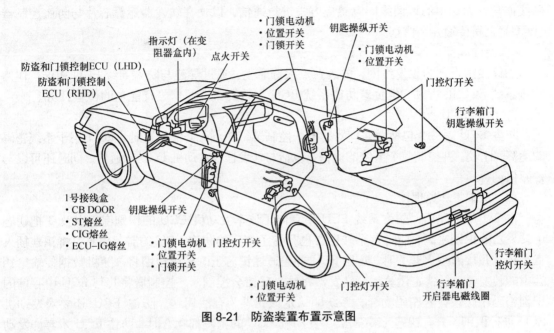

图 8-21　防盗装置布置示意图

四、汽车防盗系统实例与故障诊断

1. 上海桑塔纳轿车防盗系统

（1）上海桑塔纳轿车防盗系统的组成

上海桑塔纳 2000 轿车防盗系统的组成如图 8-22 所示，包括带转发器的钥匙、识读线圈、防盗控制单元和防盗指示灯。此外发动机 ECU 也有防盗的作用。

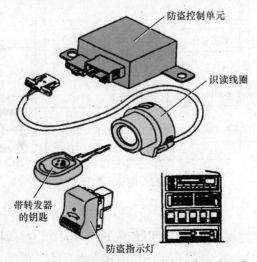

图 8-22　上海桑塔纳 2000 轿车防盗系统组成

① 带转发器的钥匙

每把钥匙都有棒状转发器，内含有运算芯片和一个细小电磁线圈，该系统工作期间，电磁线圈与点火锁中的识读线圈以感应方式进行通信，以便在转发器运算芯片与防盗控制器（ECU）之间传输各种信息。

② 识读线圈

识读线圈也称为收发线圈，安装在点火锁芯上，通过导线与防盗系统 ECU 相连。作为防盗系统 ECU 的负载，担负着防盗系统 ECU 与转发器之间信号及能量的传输任务。

③ 防盗 ECU

防盗 ECU 是一个包括微处理器的电子控制器，在点火开关接通时，ECU 用于系统密码的运算、比较，并控制整个系统的通信，包括与转发器、发动机 ECU 的通信，同时还可以与诊断仪进行通信。

（2）基本工作原理

汽车出厂匹配后，防盗系统 ECU 便存储了该车发动机 ECU 的识别密码以及 3 把钥匙中转发器的识别密码，同时每个转发器也存储了相应的防盗 ECU 的有关信息。将钥匙插入点火锁芯并接通点火开关时，防盗 ECU 首先通过锁芯上的识读线圈将一随机数据传输给钥匙中的转发器，经特定运算后，转发器将结果反馈会控制器，控制器将其与 ECU 中存储的识别密码相比较，若密码吻合，系统即认定该钥匙为合法钥匙。防盗 ECU 还要对发动机 ECU 进行识别。只有钥匙（转发器）、发动机 ECU 的密码都吻合时，防盗 ECU 才容许发动机 ECU 工作。

防盗系统 ECU 通过一根串行通信线（W 线）将经过编码的工作指令传到发动机 ECU，发动机 ECU 根据防盗 ECU 的数据来决定是否启动汽车。同时，诊断仪可通过串行通信接口（K 线）对系统进行故障诊断、编码等操作。在识别密码的过程（2s）中，防盗指示灯会保持点亮状态。如果有任何错误发生，发动机 ECU 将停止工作，同时指示灯会以一定频率闪动，防盗控制原理如图 8-23 所示，控制电路如图 8-24 所示。

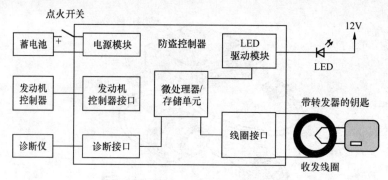

图 8-23 防盗控制原理

（3）故障诊断

工作过程中如果发生错误，指示灯会以相应的频率闪动以提醒操作者；同时防盗控制器会将相应的故障信息存储起来，通过指定的诊断仪 V.A.G1552 或 V.A.G1551 可以对防盗系统进行故障诊断以及修复。诊断仪的连接如图 8-25 所示。

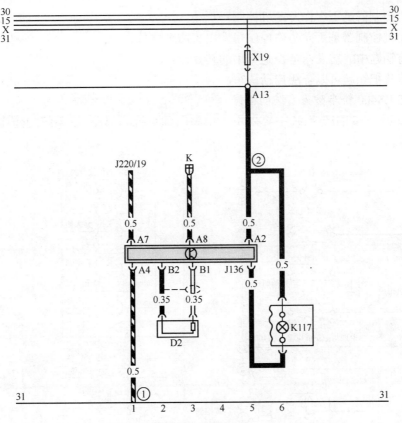

图 8-24　控制电路

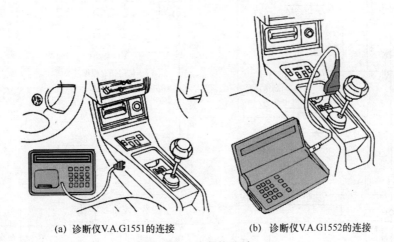

(a)　诊断仪V.A.G1551的连接　　　　(b)　诊断仪V.A.G1552的连接

图 8-25　诊断仪连接

系统可以记录的故障有以下几类：

① 是否试图用非法钥匙启动；

② 发动机控制器是否经过正确匹配；

③ 钥匙中是否是专用的转发器；

④ 学习过程是否完全正确。

防盗控制器内还记录有当前系统状态信息，可以查询以下状态：

① 防盗控制器是否容许发动机控制器启动;

② 发动机控制器是否向防盗控制器发出了请求信号;

③ 当前钥匙中的转发器是否是专用的转发器;

④ 共有几把钥匙可以合法启动该车。

2. 凌志 LS400 轿车防盗系统的检修

凌志 400 轿车的防盗系统主要采用了中央门锁系统的部件,该系统的防盗系统电路如图 8-26 所示。

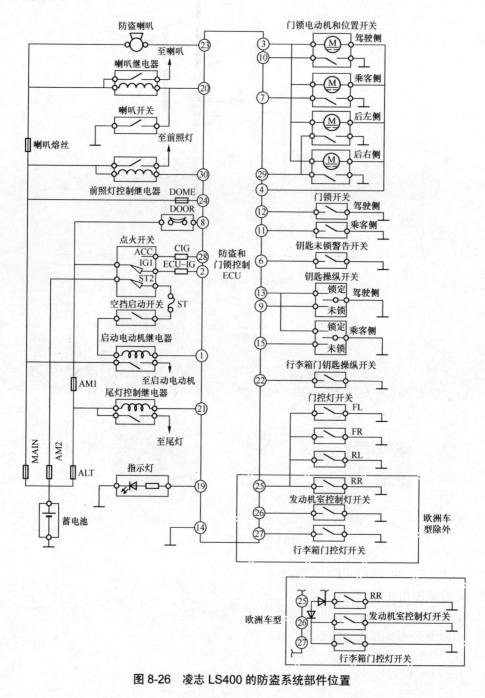

图 8-26　凌志 LS400 的防盗系统部件位置

（1）凌志 LS400 防盗系统的检查

防盗系统工作状况的检查方法如下。

① 设定防盗系统，使其进入警戒状态。检查防盗指示灯是否闪烁。

② 当防盗系统被触发时，防盗门和门锁控制 ECU 使汽车扬声器和防盗扬声器发声并闪烁前灯和尾灯约 30s 或 1min 作为报警（工作状态根据国家不同有所区别）。与此同时，系统断开启动机电路，并锁住所有车门（如果车门未锁住，系统在报警时间内每 2s 重复锁门动作）。

（2）凌志 LS400 的防盗系统电路检查

① 指示灯电路检查

在进行防盗系统设定时，该电路使指示灯亮。系统设定完成后，电路不断的让指示灯闪烁。指示灯电路如图 8-27 所示。

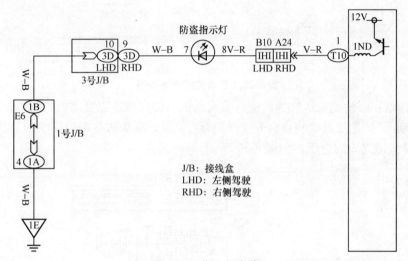

图 8-27 指示灯电路

检查指示灯时，先拆下组合仪表，然后脱开指示灯连接器，将蓄电池正极连到连接器的端子 8 上，负极连接到端子 7 上，如图 8-28 所示。

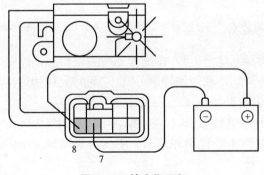

图 8-28 检查指示灯

正常情况下指示灯应亮，若不正常，更换指示灯或检查防盗 ECU 与指示灯之间、指示灯与车身间的配线和连接器。

② 启动机继电器电路检查

当防盗系统触发时,ECU 上的触点脱开,在端子 ST 的电路中形成断路,使启动机不运转。此时若用钥匙打开前左或右侧车门,或用门锁无线系统打开所有车门,ECU 的触点接地,使启动机切断电路恢复正常,该电路如图 8-29 所示。

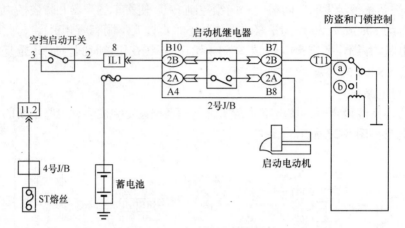

图 8-29 启动机继电器电路

检查操作是在以发动机运转为前提,若发动机不转应先排除发动机的故障。首先断开防盗和门锁控制 ECU 连接器,将点火开关转到 ST 位置,测量防盗和门锁控制 ECU 连接器端子 ST 与车身接地之间的电压,如图 8-30 所示。

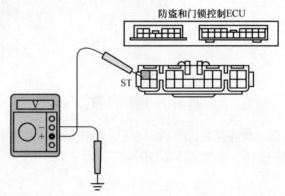

图 8-30 测量防盗和门锁控制 ECU 连接器端子 ST 与车身接地之间的电压

若电压正常(电压为蓄电池电压),检查和更换防盗和门锁控制 ECU。若电压不正常,检查和修理启动机继电器与防盗和门锁控制 ECU 之间的配线和连接器。

③ 汽车扬声器继电器电路检查

当防盗系统被激活时,电路使 ECU 上的晶体管以大约 0.4s 为一循环的速度反复导通和截至,这使扬声器继电器不断接通和切断,使扬声器发声。扬声器继电器电路如图 8-31 所示。

若用钥匙打开前左或右侧车门,或用门锁无线系统打开所有车门,或等待 60s,ECU 上的晶体管便截至,电路切断,扬声器停止发声。

检查要以扬声器开关能正常工作为前提。如果开关接通后扬声器工作不正常,应先排除扬声器故障。首先脱开防盗和门锁控制 ECU 连接器,测量防盗和门锁控制 ECU 连接器端子 HORN 与车身接地间的电压,如图 8-32 所示。

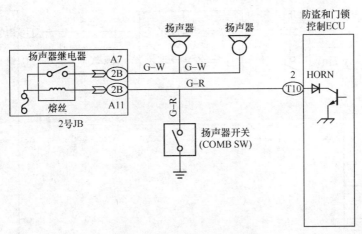

图 8-31　扬声器继电器电路

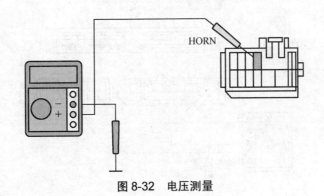

图 8-32　电压测量

　　若电压正常（电压为蓄电池电压），检查和更换防盗和门锁控制 ECU。若电压不正常，检查和修理扬声器继电器与防盗和门锁控制 ECU 之间的配线和连接器。

　　④ 点火开关电路

　　当点火开关转至 ACC 位置时，蓄电池电压加到 ECU 的端子 ACC 上。同样，若点火开关转至 ON 位置时，蓄电池电压加到 ECU 的端子 ACC 和 IG 上。当防盗系统触发时，若蓄电池电压加到 ECU 的端子 ACC 上，则报警停止，另外，来自 ECU 的端子 ACC 和 IG 的电源用作门控灯开关和位置开关等的电源电路如图 8-33 所示。

　　检查 1 号接线盒上的 CIG 和 ECU-IG 熔丝的导通状况。如果不正常，检查所有接至 CIG 和 ECU-IG 熔丝的所有配线和元件。若正常导通，将点火开关转到 ON，测量防盗和门锁控制 ECU 的端子 ACC 和 IG 与车身接地之间的电压，如图 8-34 所示。

　　若电压正常（电压为蓄电池电压）检查和更换防盗和门锁控制 ECU。若电压不正常，检查和修理防盗和门锁控制 ECU 与蓄电池之间的配线和连接器。

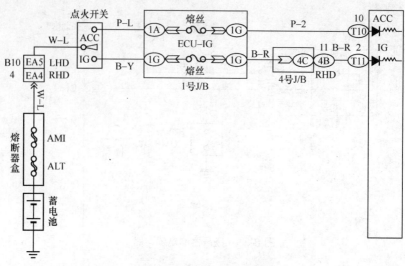

图 8-33　点火开关电路

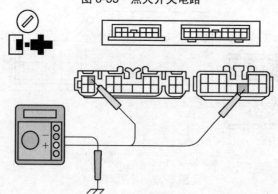

图 8-34　测量 ECU 的端子 ACC 和 IG 与车身接地之间的电压

第二部分　任务实施

在任务实施的过程中，让学生分析汽车防盗系统电路，排除汽车防盗系统的线路故障。

一、工具准备

① 凌志 LS400 轿车。

② 万用表、试灯、连接线、常用工具。

二、技术要求与标准

① 所有操作符合安全操作要求。

② 所有操作汽车防盗系统维修技术标准。

③ 在操作过程中不允许出现安全事故。

三、要完成的工作

参照凌志 LS400 轿车防盗系统电路图，对凌志 LS400 轿车的中控门锁系统进行如下检测。

① 凌志 LS400 轿车防盗系统指示灯电路检查。

② 凌志 LS400 轿车启动机继电器电路检查。

③ 凌志 LS400 轿车防盗系统扬声器继电器电路检查。

④ 凌志 LS400 轿车点火开关电路检查。

⑤ 凌志 LS400 轿车防盗系统门锁电动机检查。

⑥ 凌志 LS400 轿车防盗系统门锁开关检查。

 **任务评价**

一、自我评价

1．防盗系统有几种类型，各自的优缺点是什么？

2．桑塔纳 2000 防盗系统的组成和工作原理是怎样的？

3．自己对学习本任务的自我评价（包括着装、学习态度、知识以及技能掌握程度、工作页的填写情况等）。

二、小组评价

序号	评价项目	评价情况		
		好	中	差
1	出勤情况			
2	着装情况			
3	课堂秩序			
4	学习是否积极主动			
5	学习任务书填写			
6	工具、仪器的使用情况			
7	工具整理、现场清理的情况			

三、教师评价

教师的总体评价：

项目九 汽车安全气囊系统的拆装与检修

任务一 汽车安全气囊系统的拆装与检修

 **学习目标**

◇ 掌握汽车安全气囊系统的功用和类型。
◇ 理解汽车安全气囊系统的组成和工作原理。
◇ 掌握汽车安全气囊系统的故障检修方法。
建议完成本任务的学时为 6 学时。

内容结构

 **任务描述**

学习汽车安全气囊的组成和工作原理，完成对汽车安全气囊进行拆装、检测和解决汽车安全气囊的故障的任务。

第一部分 任务学习引导

一、安全气囊的功用和类型

1. 安全气囊的功用

汽车在行驶过程中，由于一些意外交通情况的出现，往往会导致交通事故。而且交通事故发生的时间一般极短，使驾乘人员没有足够的反应时间来主动保护自己，只能采用被动安全保护装置来减少交通事故对人体的伤害。现代汽车普遍装有安全气囊，以减少汽车发生正面碰撞时对驾驶员所造成的伤害。有些汽车在驾驶员副座前的杂物箱上端也装有安全气囊，以保护乘客免受伤害。还有些汽车同时装有侧向安全气囊，在汽车发生侧向碰撞时，以减少侧向碰撞时对驾乘人员的伤害。实验和实践证明，汽车安装安全气囊后，汽车发生碰撞事故时对驾乘人员的伤害程度大大减小。

2. 安全气囊的分类

汽车安全气囊系统（Supplemental Restraint System，简称 SRS），可按如下方式分类。

(1) 按传感器类型分类

① 机械式安全气囊系统

机械式安全气囊系统不需要电源，全部零件组装在转向盘装饰盖板下面，检测碰撞动作和引爆点火剂都是利用机械动作来完成的。

② 电子式安全气囊

电子式安全气囊系统有两种布置方式，早期的电子式传感器在汽车的前端部安装，气囊引爆装置安装在转向盘上，前端的传感器需要引线连接。现在开发出的整体式安全气囊，把电子式传感器后移，和点火引爆装置作为一个整体安装在转向盘上，可以取消线束，消除了由于线路短路或断路导致气囊失效的故障。

(2) 按保护对象的不同分类

① 驾驶员防撞安全气囊

驾驶员防撞安全气囊装在转向盘上，美式安全气囊体积较大，约 60L，这是按没有座椅安全带设计的。欧式安全气囊按有驾驶员座椅安全带设计的，其体积较小，约 40L。日本车一般配有安全带，多采用欧式安全气囊。

② 乘员防撞安全气囊

由于乘员在车内位置不固定，因此，为保护其撞车时免受伤害，设计的安全气囊体积也较大。美式安全气囊约 160L，欧式安全气囊的约 75L。有些车上还配有后排乘员防撞安全气囊，装在前排座椅后面。

③ 侧面防撞安全气囊

装在车门上，当汽车遭受侧面碰撞时，防止乘员受到侧面撞击。

(3) 窗帘式安全气囊与智能型安全气囊

① 窗帘式安全气囊

由于管形安全气囊不能全部覆盖侧窗，所以，风窗玻璃的碎片可能击入车内刺伤乘员。把以窗帘状展开的气囊称为窗帘式安全气囊。窗帘式安全气囊在车辆侧面碰撞时，与侧面安全气囊同时展开。其位于 A 柱与车顶纵梁的内衬中。窗帘式安全气囊只是在一些高档汽车上使用。

② 智能型安全气囊

为了减轻安全气囊的副作用，研制出智能型安全气囊。智能型安全气囊具有如下功能：测乘员是否系上安全带；检测乘员乘坐位置；检测儿童座椅；调控安全气囊充气膨胀力；检测座椅上是否有乘员；检测气温。

③ 多级安全气囊用充气膨胀器

多级安全气囊充气膨胀器可以根据汽车的行驶速度和车辆的碰撞程度不同，分 3 个阶段调节充气膨胀力。车速越高，撞击程度越大，充气膨胀力越大。

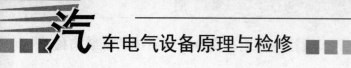

二、安全气囊系统的组成和工作原理

1. 安全气囊系统的元件位置

电子式安全气囊系统的元件分布在汽车的不同位置，各型汽车所采用部件的结构和数量有所不同，但其基本组成和工作原理都大致相同。系统的基本构成如图 9-1 所示，气囊组件包括SRS 气囊、气体发生器和点火器等装置在转向盘中；副驾驶座气囊装在杂物箱上侧，用一塑料盖板遮住。前碰撞传感器分别安装在驾驶室间隔板左、右侧及中部；中心的安全气囊传感器与电子控制装置（SRS 的 ECU）安装在一起，系统故障指示灯在仪表板上。

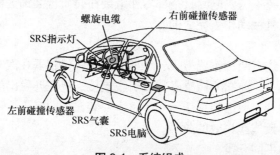

图 9-1　系统组成

2. 安全气囊系统的组成

（1）安全气囊组件

安全气囊组件包括气体发生器、点火器、气囊和外壳等。

① 气体发生器

气体发生器由带充电单元的触发器、固定驱动片以及金属过滤网等组成，如图 9-2 所示。

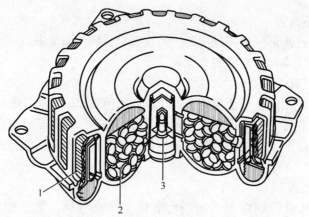

1—金属过滤网；2—固定驱动片；3—带充电单元的桥式触发器

图 9-2　气体发生器结构示意图

② 点火器

点火器是安全气气囊的一部分，图 9-3 所示为点火器分解图。点火器装在充气泵中，接受安全气囊微电脑的低电流点火信号，发热点燃气泵中的氢氧化钠。

174

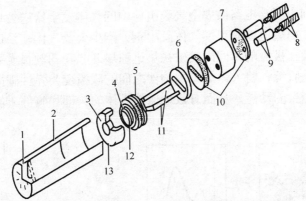

1—底药；2—药筒；3—引药；4—电热丝；5—电热头；6—放静电盘；7—磁头；8—引线；
9—连接器；10—隔板；11—电极；12—玻璃封；13—药托

图9-3 点火器分解图

③ 气囊

气囊安装在充气装置上部，用塑料盖板护住。气囊一般由尼龙制成，上面有一些排气孔，充气结束后，排气孔立即排气使气囊变软，这样起到缓冲作用以减轻对驾乘人员的伤害。

④ 衬垫

衬垫是气囊组件中的一个重要的组成部分，由聚氨酯制成。在制造过程中使用了很薄的水基发泡剂，所以质量特别轻。平时它作为转向盘的上表面，把气囊与外界隔离开，既起到了维护作用，也起到了修饰作用。气囊膨开时，衬垫在气囊爆发力的作用下快速及时断裂开，并且对安全气囊展开过程毫无阻碍。

在拆卸或安装转向盘衬垫时，应将衬垫正面朝上放置。将转向盘衬垫的金属面朝上存放时，如果转向盘衬垫因为某种原因充气，可能导致严重事故。

⑤ 底板和饰盖

气囊和充气器装在底板上，底板装在转向盘或车身上，气囊膨开时，底板承受气囊的反力。饰盖是气囊组件的盖板，上面模制有撕缝，以便气囊能冲破饰盖膨开。

(2) 气囊传感器

气囊传感器包括前碰撞传感器、中央传感器和安全传感器，用来检测碰撞减速力、碰撞强度，作为电子控制装置计算气囊是否动作的参数。

(3) 电子控制装置（ECU）

电子控制装置是 SRS 的控制中心，其功能是接受传感器输入的信号，判断是否启动安全气囊系统。并进行故障自诊断。

3. 安全气囊系统的工作原理

当汽车行驶中遭受到正面或侧面碰撞时，安全气囊系统的工作原理基本相同。现以图9-4所示的正面碰撞为例，介绍安全气囊系统的工作原理。

当汽车受到前方一定角度范围内的高速碰撞时，车体会受到强烈的震动，同时车速也会急剧下降。安装在汽车前端的碰撞传感器和与 SRS 微电脑安装在一起的防护碰撞传感器（安全传感器）就会检测到汽车突然减速和撞击强度的信号，当达到规定的强度时，传感器即向 SRS 微电脑发出信号。SRS 微电脑接收到信号后，与其原存储信号进行比较，若达到气囊的展开条件，则由驱动电路向安全气囊组件中的气体发生器送去启动信号。气体发生器接到启动信号后，引爆电雷管引燃气体发生剂，产生大量气体，经过滤并冷却后进入安全气囊，使安全气囊在极短的时间内突破衬垫迅速展开，在驾驶员或乘客的前部形成弹性气垫，并及时泄露、收缩，将人体与车内构件之间的碰撞变为弹性碰撞，通过气囊产生的变形吸收人体碰撞产生的动能，从而有效地保护人体的头部和胸部，使其免于伤害或减轻伤害程度。

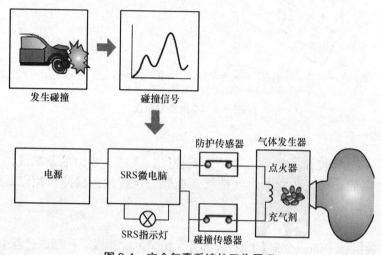

图 9-4　安全气囊系统的工作原理

4.　安全气囊系统的工作过程

图 9-5 所示为某汽车在速度为 50 km/h 时与前面障碍物相撞时，安全气囊的工作过程。

① 碰撞 10ms 后，安全气囊系统达到引爆极限，电雷管引爆点燃点火剂，产生大量的无毒的炽热气体。此时，驾驶员由于惯性尚未动作。

② 20ms 后驾驶员开始移动，但还没有到达安全气囊。

③ 40ms 后，安全气囊完全充满涨起，体积达到最大，安全带被拉长，人的部分冲击能量已被吸收。

④ 60ms 后驾驶员的头部已经开始沉向安全气囊。

⑤ 80ms 后，驾驶员的头部及身体上部都沉向安全气囊。安全气囊背后的排气口打开，在安全气囊内部的气体压力和人体压力作用下排气，利用排气口的节流作用吸收能量。

⑥ 100ms 后，车速已接近为 0，这时对车内乘员来说，危险期已接近结束。

⑦ 110ms 后，驾驶员已经前移到最大距离，随后身体开始后移回到座椅靠背上。这时，大部分气体已经从安全气囊中逸出，汽车前方视野恢复。

⑧ 120ms 后，碰撞危害全部解除，车速降至 0。

5.　安全气囊系统的有效范围

安全气囊系统并非在所有碰撞情况下都能起作用。正面防撞安全气囊系统在汽车正前方或斜前方 ±30°（如图 9-6 所示）范围内发生碰撞且其纵向减速度达到某一值时，系统才能工作。在下列条件之一的情况下，安全气囊系统不会动作。

① 汽车遭受侧面碰撞超过斜前方 ±30° 时。

② 汽车遭受横向碰撞时。

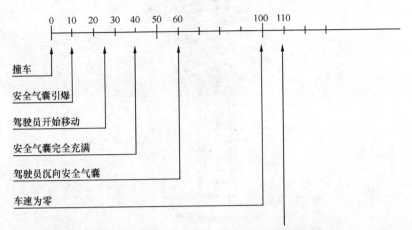

撞车后的时间 t/ms

撞车

安全气囊引爆

驾驶员开始移动

安全气囊完全充满

驾驶员沉向安全气囊

车速为零

驾驶员最大前移量

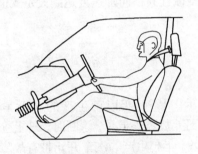

安全气囊引爆（10ms后）

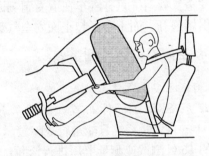

驾驶员开始移动、安全气囊完全充满（40ms后）

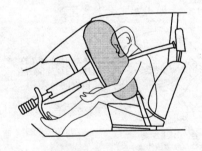

驾驶员沉向安全气囊（60ms后）

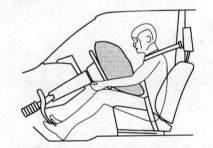

安全气囊泄气（110ms后）

图9-5 安全气囊的工作过程

③ 汽车遭受后方碰撞时。

④ 汽车发生绕纵向轴线侧翻时。

⑤ 纵向减速值未达到设定阈值。

⑥ 汽车正常行驶、正常制动和在路面不平的道路上行驶时。

另外，以下情况可能导致误触发，应引起注意。

① 温度过高，引起充气装置中火药燃烧。

② 过分撞击，使雷管引爆。

③ 电磁波引起误触发，如大功率手提电话等。

④ 修理时操作不慎。

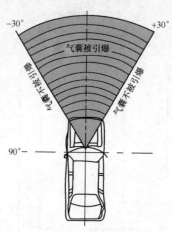

图 9-6 碰撞角度

　　侧面安全气囊系统只有汽车在遭受到侧面碰撞且其横向加速度达到设定阈值时，才能使安全气囊引爆展开，而不会引起正面安全气囊动作。

三、安全气囊系统控制电路

1. 本田车系安全气囊系统控制电路

　　本田车系 SRS 的元件布置如图 9-7 所示。1994 年以前生产的本田车和本田雅阁（ACCORD）的自诊断系统只能进行故障警示，而无故障码显示。诊断时，只能通过 SRS ECU 左侧配置的 16 针测试座测量电压进行诊断；1994 年起生产的汽车开始带有故障输出功能。

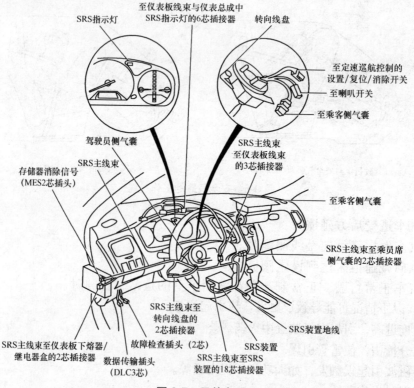

图 9-7 元件布置

本田雅阁车型的 SRS 的电路图，如图 9-8 所示。

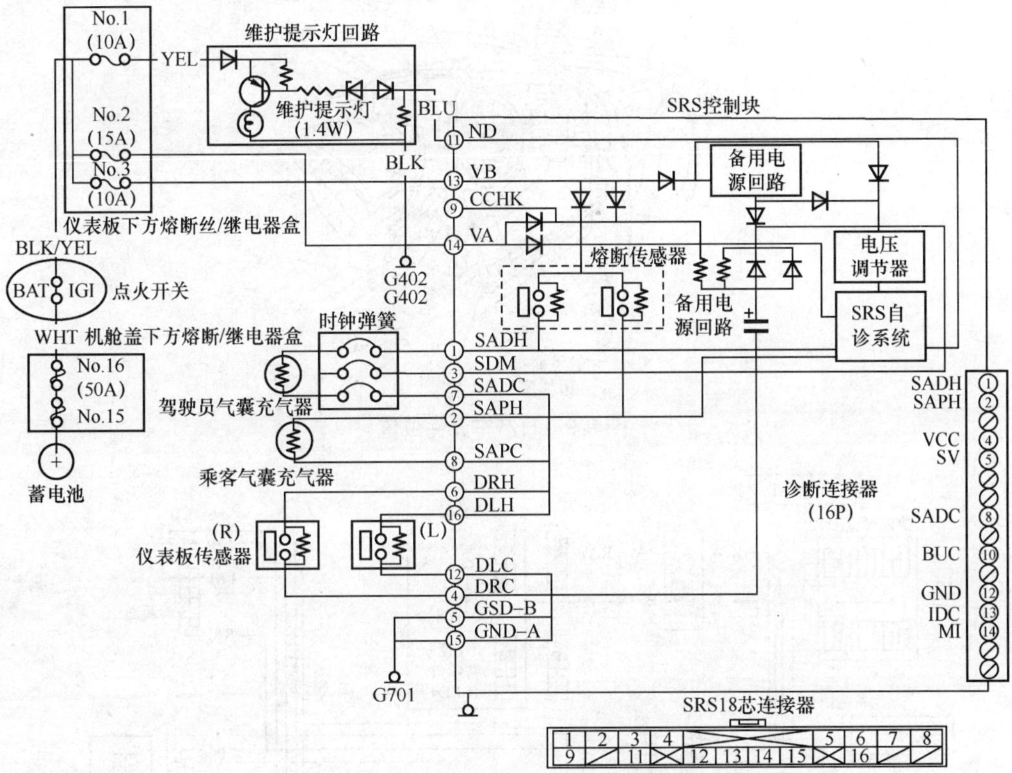

图 9-8 本田雅格安全气囊电路

在一般情况下，安全传感器动作所需的惯性力或减速度值比前碰撞传感器动作所需的惯性力或减速度值要小一些。当安全传感器动作时，将 SRS 的点火电路接通。只有当安全传感器与任意一只前碰撞传感器同时接通时，SRS 回路才能接通，使安全气囊动作。安全传感器的作用是防止因前碰撞传感器短路而造成安全气囊误爆。SRS ECU 根据安全传感器送出的信号确定是否发生碰撞。在安装或检查前碰撞传感器时，如不慎将其连接器的端子短路，就会引起安全气囊误爆。设置安全传感器后，只要安全传感器的触点不闭合，安全气囊的点火电路始终开路，从而避免了安全气囊的误爆。

当汽车遭受碰撞时，如果安全传感器的触点和任何一个前碰撞传感器的触点同时接通，SRS 电路接通，由蓄电池供电，其电路为：蓄电池正极→发动机舱盖下方熔丝/继电器盒熔断器→点火开关→仪表板下方熔丝/熔断器（NO：25 SRS 10A）→SRS ECU 13 端子→二极管→安全传感器触点→螺旋电缆（线束）→SRS 气囊点火器电阻（200Ω）→ECU 端子 7→左（或右）前碰撞传感器触点→搭铁→蓄电池负极。

2. 日产车系安全气囊系统控制电路

日产车系安全气囊系统采用 3 个前碰撞传感器，有的车型只有 1 个前碰撞传感器，安全传感器装在 ECU 外面。其安全气囊系统控制信号增加了车门开关信号，即只有在车门关闭状态时，安全气囊才有可能引爆。日产车系安全气囊系统元件位置如图 9-9 所示，控制电路如图 9-10 所示。

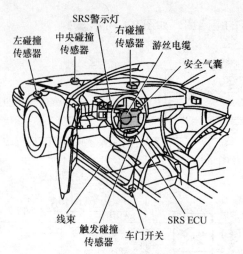

图 9-9　日产车元件位置

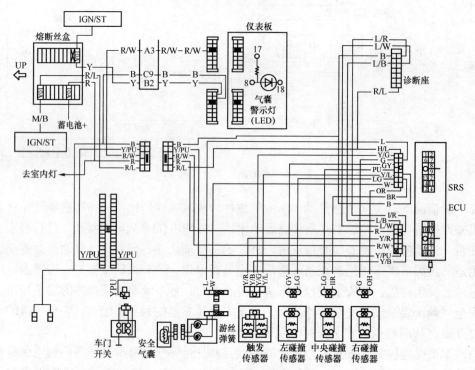

图 9-10　日产车系控制电路

3. 奔驰车系安全气囊系统控制电路（如图 9-11 所示）

四、汽车安全气囊的拆装

1. 驾驶员侧安全气囊的更换

（1）拆卸

拆下转向盘的检修板，然后断开转向线盘的 2 芯插头与驾驶员侧气囊 2 芯插头之间的连接，如图 9-12（a）所示。拆下转向盘的护盖，卸下 2 个螺钉，如图 9-12（b）所示，然后拆下驾驶员侧安全气囊。

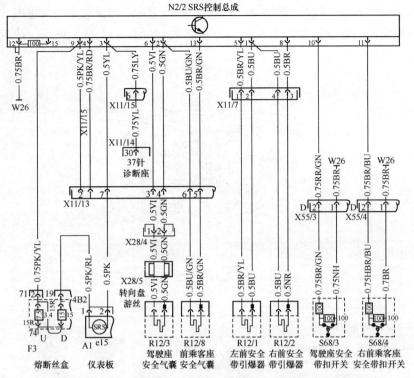

图 9-11 奔驰车系控制电路

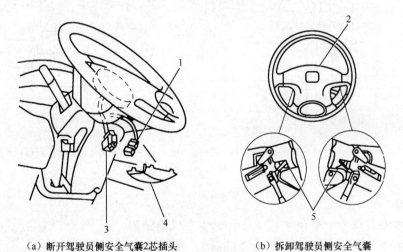

（a）断开驾驶员侧安全气囊2芯插头　　　（b）拆卸驾驶员侧安全气囊

1—转向线盘 2 芯插头；2—驾驶员侧安全气囊；3—驾驶员侧安全气囊 2 芯插头；4—检修板；5—螺栓

图 9-12 驾驶员侧安全气囊的拆卸

（2）安装

安装时，将新的安全气囊装入转向盘，然后用新螺栓固定，如图 9-13 所示。将转向线盘的 2 芯插头插好，装上方向盘检修板。

2. 乘员侧安全气囊的更换

（1）拆卸

拆下杂物箱，断开 SRS 主线束 2 芯插头与乘员侧安全气囊 2 芯插头的连接，并拆下夹子，如图 9-14（a）所示。从支架上拆下 4 个紧固螺母，用布遮挡住盖子与仪表板，然后用螺钉旋具小心地将乘员侧安全气囊从仪表板上翘起拆下，如图 9-14（b）所示。注意安全气囊侧面有卡爪与仪表板相连。

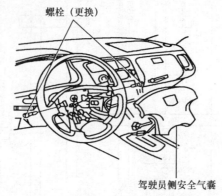

图 9-13　驾驶员侧安全气囊的安装

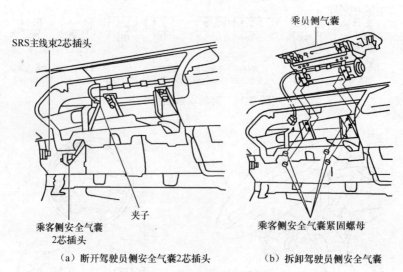

（a）断开驾驶员侧安全气囊2芯插头　　（b）拆卸驾驶员侧安全气囊

图 9-14　乘员侧安全气囊拆卸

（2）安装

将新的安全气囊安装到仪表板上，拧紧安全气囊紧固螺母。连接安全气囊与 SRS 主线束的 2 芯插头。并将安全气囊插头固定在插头支架上，如图 9-15 所示，然后重新安装杂物箱。

3. 螺旋形电缆的更换

（1）拆卸

使车轮定位在直线行驶的位置，断开蓄电池负极，并等待 3min 以上。拆下驾驶员侧安全气囊，将插头从定速巡航设置/恢复/取消开关上断开，然后拆下转向盘螺栓，如图 9-16（a）所示。将前轮保持在直线行驶的位置，然后用转向盘拆卸器将转向盘卸下，如图 9-16（b）所示。注意

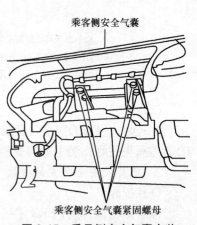

图 9-15　乘员侧安全气囊安装

拆卸转向盘时，不能敲打转向盘和转向柱。拆下仪表板下部护盖，如图 9-17（a）所示。拆下转向柱护盖，如图 9-17（b）所示。将 SRS 主线束 2 芯插头与螺旋型电缆 2 芯插头断开，将转向横梁线束 4 芯插头从螺旋型电缆上断开，如图 9-18（a）所示。卸下螺旋形电缆固定螺钉，从转向柱上卸下螺旋形电缆，如图 9-18（b）所示。

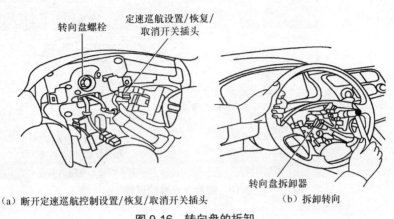

（a）断开定速巡航控制设置/恢复/取消开关插头   （b）拆卸转向

图 9-16 转向盘的拆卸

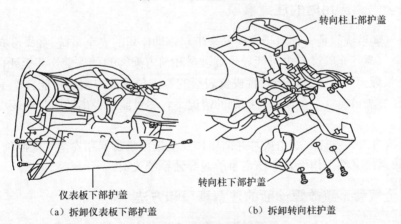

（a）拆卸仪表板下部护盖   （b）拆卸转向柱护盖

图 9-17 转向柱护盖的拆卸

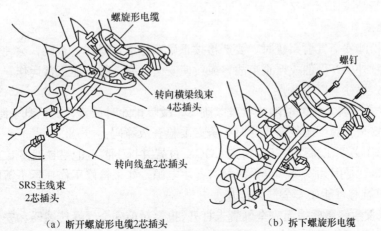

（a）断开螺旋形电缆2芯插头   （b）拆下螺旋形电缆

图 9-18 螺旋形电缆的拆卸

（2）安装

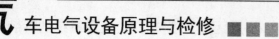

调整取消套，以保证凸块垂直对准，如图 9-19（a）所示。小心地将螺旋形电缆安装到转向柱轴上，然后连接 4 芯插头与 2 芯插头，安装转向柱盖。如有必要，矫正螺旋形电缆的中心，矫正方法是：先将螺旋形电缆顺时针旋转到不动为止，然后再逆时针旋转约两圈，直到螺旋形电缆上面标记竖直向上为止，如图 9-19（b）所示。

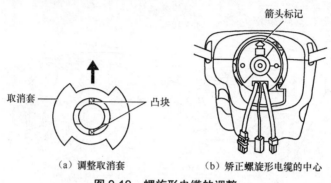

（a）调整取消套　　　　（b）矫正螺旋形电缆的中心

图 9-19　螺旋形电缆的调整

五、安全气囊应用时的注意事项

① 安全气囊系统只是一种对于座椅安全带起辅助作用的安全系统，如果没有正确系好安全带，则安全气囊在充气过程中可能导致驾驶员和前方乘客的严重受伤甚至死亡。

② 安全气囊充气时太靠近转向盘或仪表板的驾驶员或前方乘客可能会严重受伤甚至死亡，因此，在驾驶员能够对车辆保持控制的情况下，尽可能坐得离转向盘远一点。前方乘客应离仪表板远一点。

③ 不要擅自改装、拆卸、敲击或打开前座椅安全带预紧装置和安全气囊控制系统的接线，否则可能导致系统突然工作而发生伤亡事故或导致系统失灵。

六、安全气囊系统故障诊断的注意事项和方法

安全气囊系统的故障诊断安全气囊系统均有故障自诊断功能，系统一旦出现故障，可通过诊断系统进行故障诊断。

1. 诊断注意事项

在维修、检测安全气囊系统时，要严格按正确顺序进行操作，否则，会使安全气囊系统在检修过程中意外展开而造成严重事故，或致使安全气囊系统不能正常运作，因此，在排除故障之前，一定要注意以下几点。

① 由于安全气囊系统的故障症状难以确诊，故障排除时最重要的信息来源就是故障码。因此，在进行安全气囊系统故障排除时，务必要检查故障码。

② 检修工作必须在将点火开关转到 LOCK 位置并拆下蓄电池搭铁线 30s 或更长一些时间后才能开始。这是因为安全气囊系统配有备用电源，如果检修工作在拆下蓄电池搭铁线后 30s 之内进行，就有可能使安全气囊打开。

③ 即使只发生轻微碰撞而安全气囊未打开，也要对前安全气囊传感器和安全气囊组件进行检查。但绝对不可使用其他车辆上的安全气囊组件。如需更换，务必使用新零件。在检修过程中，如有可能对安全气囊传感器产生冲击，那么在修理之前应将安全气囊传感器拆下。

④ 中心安全气囊传感器总成含有水银。更换后，不要将换下的旧零件随意毁掉，当报废车辆或只更换安全气囊中心传感器总成本身时，应拆下安全气囊中心传感器总成并作为有害废弃物处置。

⑤ 绝不要试图拆卸和修理前安全气囊传感器、安全气囊中心传感器总成或安全气囊组件以供重新使用。如果前安全气囊传感器、安全气囊中心传感器总成或安全气囊组件跌落过，或在壳体、托架或连接器上有裂纹、凹陷或其他缺陷，应更换新件。不要将前安全气囊传感器、安全气囊中心传感器总成或安全气囊组件直接暴露在热空气和火焰前。

⑥ 对电路进行检查时，要使用数字式万用表来诊断电路系统的故障，并确认在电阻挡的最小量程时，其输出电流不超过 10mA。

⑦ 手持安全气囊时，不要使安全气囊和盖指向身体，放置于工作台或其他表面时，要使装饰面朝上；展开安全气囊时，需戴手套和安全眼镜。因为安全气囊内表面可能残留有氢氧化钠，若接触到皮肤可用冷水冲洗。

⑧ 所有与安全气囊系统有关的检修工作，必须在安全气囊系统正确拆除后进行，安装安全气囊时不要试探任何连接处。如果在车上检修安全气囊系统，在安全气囊组件安全拆除前，不要坐在安全气囊附近。

⑨ 传感器安装方向是安全气囊系统发挥正常功能的关键，应将其恢复到原来位置。配线作业要十分小心，在作业前必须使安全气囊组件安全拆除。

⑩ 检修完成后，不要急于将安全气囊组件接入电路，应先进行电气检查，确认无误时，再将安全气囊组件接入。

⑪ 在安全气囊系统零部件的外表面上有说明标牌，必须遵照这些注意事项。

⑫ 安全气囊系统检修工作结束之后，进行安全气囊系统警告灯的检查。

2. 故障诊断方法

安全气囊系统的故障诊断是比较难的，一般可用 3 种方法来确定故障的部位，即安全气囊警告灯法、参数测量法和扫描仪法。诊断中充分利用微电脑提供的故障码，可以减小故障诊断的难度。

（1）从安全气囊警告灯读取（保养提示灯法）

① 故障显示。当接通点火开关或启动发动机后，仪表板上的安全气囊（或 AIR-BAG）警告灯长亮不熄时，表明系统已检测到故障，应对安全气囊系统进行故障码检查（如图 9-20 所示）。

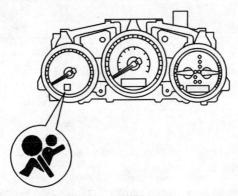

图 9-20　故障灯显示

② 警告灯的检查。检查安全气囊警告灯的运作，如果安全气囊警告灯一直亮，则表明

在安全气囊控制装置中，存有一个或多个故障代码。如果安全气囊警告灯不亮，则表明安全气囊警告灯电路有故障，当该警告灯有故障时，系统会显示故障码，则进行相应故障码的检查。

如果安全气囊警告灯电路出现断路，安全气囊警告灯就不会亮，故障码也不会输出。如果在进行下一步检查前，首先要排除警告灯电路故障。

③ 故障码的检查及记录。检查故障码，记录输出的任何故障码，如果输出正常代码，则电源电路曾经有不正常现象或电源电压过低，因此要进行电源电压检查。

④ 在上一步检查中输出故障码只能说明与该故障码有关的电路曾经发生过故障，但不表明故障是否仍然存在或已消失。据此，有必要清除故障码后，再重新进行故障码检查以确定现在的情况。如果忽略这一步骤，而仅用上一步输出的故障码进行故障诊断，会使寻找故障部件的工作更加困难且容易误诊。

⑤ 再一次进行故障码的检查及记录。如输出正常码，则表明系统曾发生过故障但现已排除；如输出故障码，则进行相应的电路检测。

⑥ 故障排除。将点火开关重复开关（开等待 20s，关 20s）5 次后，检查故障码。如果有代码输出，则故障仍然存在，应对应故障代码表进行检查，对出现故障码的有关电路进行故障排除分析。在检修工作结束后，应用模拟法进行证实试验。

🕮 注意：

在检查故障码和清除故障代码的工作中，拆下和连接蓄电池搭铁线时，必须在点火开关处于 LOCK 位置时进行。在接好蓄电池搭铁线后，必须在 2s 后才能将点火开关转至 ACC 或 ON 的位置。如果蓄电池搭铁线在点火开关位于 ACC 或 ON 位置时被连接，或在连接蓄电池电缆 2s 内转至 ACC 或 ON 的位置，就会造成自诊断系统工作不正常。

⑦ 根据诊断系统输出的故障码按连接顺序进行电路检查。

(2) 仪器诊断法

现代汽车基本上都用故障诊断仪诊断故障，当安全气囊系统故障警告灯提示系统存储有故障时，用故障诊断仪调取故障码，再根据手册的指导进行具体的检查。接通点火开关时，安全气囊警告灯如果约 6s 后不熄灭，说明系统有故障存在；如果安全气囊警告灯根本不亮，说明安全气囊警告灯线路中有故障。

故障诊断仪检查程序如下。

① 将点火开关置于 OFF（断开）挡。

② 将故障诊断仪电源线插到点烟器座上。

③ 将故障诊断仪接到诊断通信链路或检查连接器诊断插口。

④ 接通点火开关；启动故障诊断仪检查故障码。

⑤ 断开点火开关进行故障排除分析，之后再接通点火开关，用故障诊断仪消去所存的故障码。

⑥ 摘下故障诊断仪。

3. 利用自诊断系统进行诊断（以丰田车系为例）

以下是对丰田车系的安全气囊系统的诊断。

丰田车系在仪表盘上均设有指示灯，如图 9-21 所示。当安全气囊系统出现故障时，自诊断系统将故障码存储在安全气囊 ECU 中，可按下面的程序调取，由安全气囊指示灯显示。

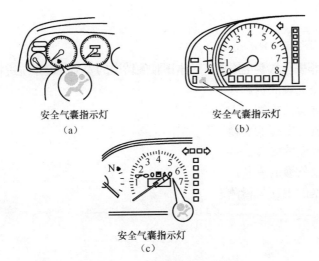

安全气囊指示灯
（a）

安全气囊指示灯
（b）

安全气囊指示灯
（c）

图 9-21　安全气囊指示灯显示

安全气囊系统故障码的调取也是通过在诊断座上采取跨线的方法来进行的。具体方法步骤如下：将点火开关拧到 ACC 或 ON 位置，等待 20s 以上。将诊断座的 TC 端子与 E1 端子用导线跨接，此时安全气囊指示灯将会闪烁故障码。故障码波形如图 9-22 所示。

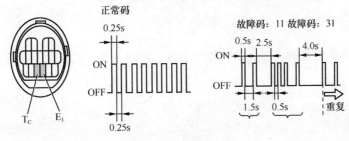

图 9-22　故障码波形

故障码的清除：安全气囊系统第 11～22 故障码只需将蓄电池搭铁线拆下 10s 以上即可清除。

第二部分　任务实施

在任务实施的过程中，将学习的内容运用其中，做到学以致用。

一、工具准备

① 本田雅阁轿车。
② 万用表、试灯、连接线以及常用工具。

二、技术要求与标准

① 所有操作符合安全操作要求。
② 所有操作符合汽车安全气囊系统维修技术标准。
③ 在操作过程中不允许出现安全事故。

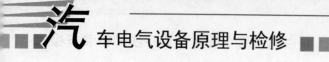

三、要完成的工作

参照本田雅阁轿车安全气囊电路图，对本田雅阁轿车的安全气囊系统进行如下拆装与检测。

① 驾驶员侧安全气囊的拆卸。

② 乘员侧安全气囊的拆卸。

③ 安全气囊螺旋形电缆的更换。

④ 乘员侧安全气囊的安装。

⑤ 驾驶员侧安全气囊的安装。

⑥ 安全气囊电路的识读与检测。

 任务评价

一、自我评价

1．电子式安全气囊由哪几部分组成？简述各部分的结构特点。

2．在进行安全气囊的检测或更换时应该注意哪些问题？

3．自己对学习本任务的自我评价（包括着装、学习态度、知识以及技能掌握程度、工作页的填写情况等）。

二、小组评价

序号	评价项目	评价情况		
		好	中	差
1	出勤情况			
2	着装情况			
3	课堂秩序			
4	学习是否积极主动			
5	学习任务书填写			
6	工具、仪器的使用情况			
7	工具整理、现场清理的情况			

三、教师评价

教师的总体评价：

项目十 全车电路的识读与分析

任务一 全车电路的识读与分析

学习目标

◇ 熟知汽车整车电路的组成和电路图的种类。
◇ 熟知汽车电路的接线规律和识读电路图的要点。
◇ 掌握汽车电气系统故障诊断的一般程序和方法。
建议完成本任务的学时为 6 学时。

内容结构

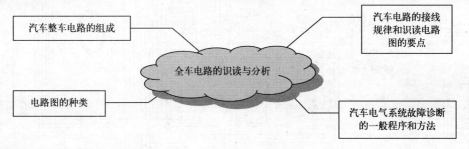

任务描述

学习汽车电路的表达方法，掌握整车电路识图的一般方法，完成对简单汽车电路进行分析的任务。

> ## 第一部分 任务学习引导

一、汽车电路图识读

1. 电路图的分类、表示方法

汽车电路图是利用各种符号和线条构成的图形。电路图清楚地表示了电路中的各组成元件、电源、保险、继电器、开关、继电器盒、接线盒、连接器、电线和搭铁等。有些电路图还表示出了电器零件的安装位置、连接器的形式及接线情况、电线的颜色，接线盒和继电器盒中继电器及保险的位置以及线束在汽车上的布置等。

(1) 布线图

布线图是按照汽车电器在车身上的实际位置相对应地外形简图，再用线将电源、开关、熔断器等装置和这些电器一一连接起来。

布线图的特点是：全车的电器（即电器设备）数量明显且准确，电线的走向清楚，有始有终，便于循线跟踪，查找起来比较方便。

布线图的缺点：图上电线纵横交错如图 10-1 所示。

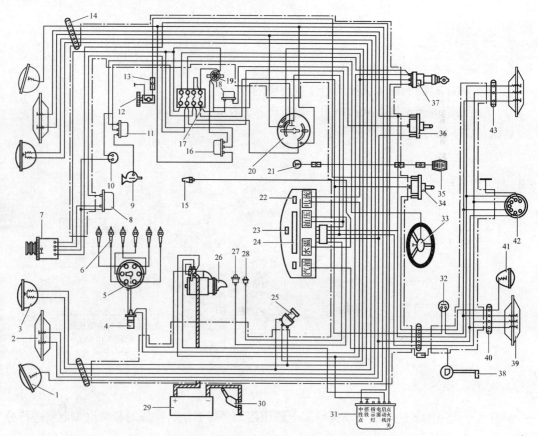

图 10-1 东风 EQ1090 型汽车布线图

(2) 电路原理图

电路原理图则是包含所有电器元件在内的、表明其工作原理的参考图；电路原理图与线路图有所不同，它是将线路图高度简化后得到的，故图面清晰、电路简单明了、通俗易懂，能更好地反映各个电路系统的组成及电路原理，如图 10-2 所示。

(3) 线束图

整车电路线束图常用于汽车厂总装线和修理厂的连接、检修与配线，如图 10-3 所示。

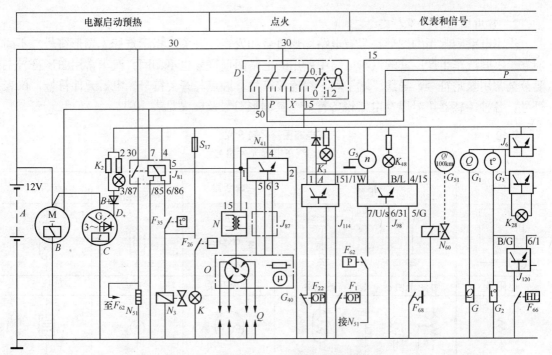

图 10-2　桑塔纳轿车电路原理图（局部）

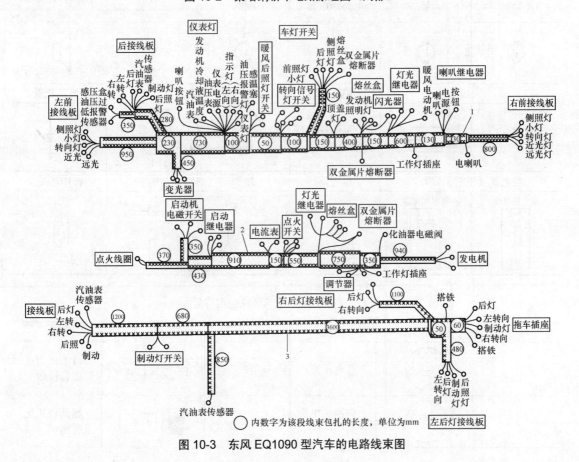

图 10-3　东风 EQ1090 型汽车的电路线束图

2. 常用图形符号及标志

汽车电路中常用的图形符号有电路图形符号和仪表、开关、指示灯标志图形符号。不同国家、不同汽车生产厂家的汽车电路中所用的电路图形符号也不相同。汽车常用图形符号主要分为常用限定符号，导线、端子和导线连接符号，触点与开关符号，电器元件符号，仪表符号，各种传感器符号以及电器设备符号，其图形符号及含义见表 10-1。

表 10-1　　　　　　　　　　　汽车电路图符号及含义

（一）汽车电器元件符号

蓄电池	搭铁		熔断器	点火线圈 电磁线圈	点烟器
	搭铁端子	部件搭铁			
电阻器	可变电阻器	感温器	点火开关	灯泡	加热器
电动机	泵	电路断电器	喇叭	二极管	音响喇叭、蜂鸣器
天线		三极管（D）	开关（正常位置）		发光二极管
天线杆	车窗		常开开关	常闭开关	
继电器（正常位置）		电容器	接头	接头	簧片开关
常开继电器	常闭继电器		输入　输出		

（二）仪表、开关、指示灯标志图符号

序号	图形标志	含义	序号	图形标志	含义
1		点火开关	3	OIL-P	机油压力过低报警指示
2		柴油机电源开关	4	FUEL	燃油量不足报警指示

192

续表

序号	图形标志	含义	序号	图形标志	含义
5	CHARGE	蓄电池充电指示灯	23	TRAC	驱动力控制指示灯
6	CHECK	发动机故障指示灯	24	CRUISE	自动巡航指示灯
7	WATER OVER HEAT	冷却液温度过高指示灯	25	EXP TEMP	排气温度高指示灯
8		阻风门关闭指示灯	26		前照灯远光指示灯
9		机油温度过高指示灯	27		灯光开关标志
10	r/min RPM	发动机转速表	28		危险报警开关标志
11	20:08	数字时钟显示	29		转向信号指示灯
12	km/h	车速表	30		示廓灯开启指示灯
13	(!)	制动系统指示灯	31		前雾灯开关标志
14	(P) PKB	停车制动指示灯	32		后雾灯开关标志
15		冷却液位指示灯	33		顶灯开关指示
16		发动机引擎盖拉手标志	34	(ABS)	防抱死制动故障灯
17		行李箱盖拉手标志	35	(O)	制动蹄片磨损超限指示灯
18		车门未关指警灯	36		座椅加热器指示灯
19		喇叭按钮标志	37	BELT	安全带指示灯
20	O/D OFF	超速挡开关指示灯	38	HEAT GLOW	预热指示灯
21	SRS	安全气囊指示灯	39		点烟器标志
22	AIR SUSP	电子空气悬架指示灯	40		车外空气循环指示

序号	图形标志	含义	序号	图形标志	含义
41		车内空气循环指示	45		空调系统通风吹脚挡指示
42		空调系统压缩机开关	46		空调系统通风上冷下热挡指示
43		空调系统鼓风机开关	47		空调系统吹脸和除霜挡指示
44		空调系统通风吹脸挡指示	48		前风窗玻璃除霜除雾挡指示

3. 汽车电路图识读的一般方法

（1）对整车电路图识读的要点

① 对整车电路图进行分解。

② 认真阅读图注。

③ 熟悉线路的配线和颜色标记。

④ 熟悉控制元件的作用。

⑤ 熟记回路原则和搭铁极性。

⑥ 了解继电器的工作状态。

⑦ 通过解剖典型电路、达到触类旁通。

（2）识读电路图的注意事项

① 读电源系统电路时应从电源开始，先找到蓄电池、发电机及电压调节器。发电机励磁电路是受点火开关控制的。

② 查找启动电路时必须先找到点火开关、启动继电器及电池开关控制电路。

③ 查找点火电路时，先找点火控制器（或分电器）、点火线圈、点火开关及火花塞。

④ 查找照明电路时，先找车灯控制开关、变光器、前照灯、小灯及各种照明灯。照明电路的一般接线规律是：小灯与前照灯不同时亮；前照灯的远光与近光不能同时亮；仪表照明灯、尾灯、牌照灯等只有在夜间工作时才亮。

⑤ 查找仪表电路时，先找组合仪表、点火开关、仪表传感器与仪表电源稳压器。

⑥ 查找信号控制电路时，由于信号装置属于随时使用的短暂工作设备，一般应注意信号装置通常接在经常有电的导线上，且仅受一个开关控制，以免影响信号的发出。

⑦ 查找辅助装置控制电路时，应首先熟悉辅助装置的图形符号、有关控制开关及其功能，而后按照从电源熔断器控制开关到用电设备的顺序进行。

二、汽车电气的故障检修方法

1. 常见电路故障

汽车电路常见的故障有开路（断路）、短路、搭铁等。

（1）开路（断路）（如图 10-4 所示）

开路一般由导线折断、导线连接端松脱或接触不良等原因所造成。

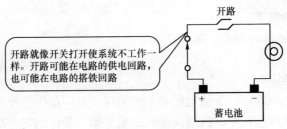

图 10-4 开路故障

（2）短路（如图 10-5 所示）

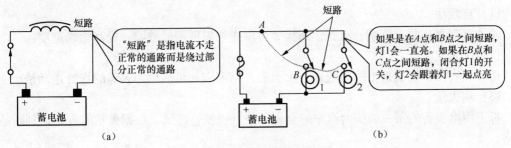

图 10-5 短路故障

造成短路的原因有：导线绝缘破坏，并相互接触造成短路，开关、接线盒、灯座等外接线螺丝松脱，造成线头相碰；接线时不慎，使两线头相碰；导线头碰金属部分。

（3）搭铁（如图 10-6 所示）

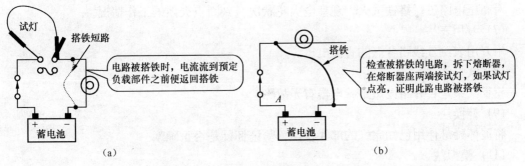

图 10-6 搭铁故障

搭铁的原因：火线直接与金属机体相碰。

2. 检修故障的思路

正常的汽车电气电路，必须满足以下条件。

① 点火电路能够产生足够能量的正时火花。

② 电源电路充电稳定，并能满足用电设备在各种状态下的需要。

③ 启动机启动有力，分离彻底。

④ 照明及信号系统设备齐全，性能良好。

⑤ 全车线路整齐，连接固定可靠；否则，应视为电路出现了或大或小的故障。

电路故障的产生原因是多种多样的，如元件老化、自然磨损、调整不当、环境腐蚀、机

械摩擦、导线短路或断路等。

3. 汽车电气电路故障诊断的一般程序

第一步，验证车主（用户）所反映的情况，并注意通电后各种现象。再动手拆检之前，尽量缩小故障产生的范围。

第二步，分析电路原理图，弄清电路的工作原理，对问题所在作出推断。

第三步，重点检查问题集中的线路或部件，验证第二步作出的推断。

第四步，进一步进行诊断与检修。

第五步，验证电路是否恢复正常。

4. 汽车电气电路故障诊断的常用方法

(1) 直观法

通过直观（高温、冒烟、火花、断接等）检查来发现明显故障，提高检修速度。

(2) 仪表法

通过观察汽车仪表盘上的电流表、水温表、燃油表和机油压力表等的指针走动情况。

(3) 刮火法

拆下用电设备的某一线头对汽车的金属部分（搭铁）碰试，根据火花的有无，判断是否开路。

(4) 断路法

将怀疑有短路故障的那段线路断开，以判定断开的线路是否搭铁。

(5) 短路法

用一根导线将某段导线或电器短接后观察用电器的变化。

(6) 高压试火法

对高压电路进行搭铁试火，观察电火花状况，判断点火系的工作情况。

(7) 万用表法

用万用表测量线路各点的直流电压。

(8) 试灯法

检查线束是否开路或短路，电器有无故障。

(9) 替换法

将被怀疑部件用已知完好的部件替换，验证怀疑是否正确。

(11) 模拟法

用于对各种传感器信号、指示机构工况的判断，此法必须熟悉汽车电路的参数。

(12) 仪器法

如检测桑塔纳 2000 和奥迪轿车电控系统时，经常使用 V.A.G1551 和 V.A.G1552 型故障诊断仪。

5. 利用电路图排除故障

检查电路的基本工具包括万用表、试灯、发光二极管、试电笔等。

(1) 利用电路图检查故障的方法

① 在电路图中找出故障系统的电路，并仔细阅读。

② 通过阅读电路图找出故障系统电路中所包含的电器元件、线束和插接器等。

③ 通过电路图找出上述电器元件、线束和插接器在汽车上的安装位置及电器元件和插接器上各端子的作用或编码。

④ 对怀疑有故障的部件按前述内容进行检测。

⑤ 根据电路图检查线束的短路和断路情况，直至查出故障的部位。

（2）利用电路图检查故障的实例

一辆汽车的右侧前照灯的近光和远光都不亮，诊断时应在电源检查的基础上仔细阅读电路图，前照灯的电路图如图 10-7 所示。

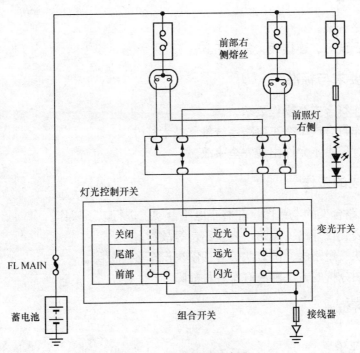

图 10-7　前照灯的电路图

6. 汽车电路故障诊断与检修注意事项

① 拆卸蓄电池时，总是最先拆下负极（-）电缆；装上蓄电池时，总是最后连接负极（-）电缆。拆下或装上蓄电池电缆时，应确保点火开关或其他开关都已断开。

② 不允许使用欧姆表及万用表的 R×100 以下低阻欧姆挡检测小功率晶体管，以免电流过载损坏它们。更换晶体管时，应首选接入基极，拆卸时，则应最后拆卸基极。

③ 拆卸和安装元件时，应切断电源。如无特殊说明，元件引脚间的距焊点应在 10mm 以上，以免烙铁烫坏元件，且宜使用相同恒温或功率小于 75W 的电烙铁。

④ 更换烧坏的熔断器时，应使用相同规格的熔断器。

⑤ 靠近振动部件（如发动机）的线束部分应用卡子固定，将松弛部分拉紧，以免由于振动造成线束与其他部件接触。

⑥ 不要粗暴地对待电器，也不能随意乱扔。

⑦ 与尖锐边缘磨碰的线束部分应用胶带缠起来，以免损坏。安装时，应确保接插头接插牢固。

⑧ 进行保养时，若温度超过 80℃（如进行焊接时），应先拆下对温度敏感的零件（如继电器和 ECU）。

第二部分　任务实施

在任务实施的过程中，将学习的内容运用其中，做到学以致用。

一、工具准备

① 整车电路台架。
② 万用表、试灯、连接线、常用工具。

二、技术要求与标准

① 所有操作符合安全操作要求。
② 所有操作符合汽车全车电路系统维修技术标准。
③ 在操作过程中不允许出现安全事故。

三、要完成的工作

参照整车电路台架的电路图，在整车电路台架上进行以下操作。
① 用万用表查找开路、短路、搭铁不良等故障。
② 用直观法、短路法、试灯法等方法解决汽车各种故障。
③ 用电路图分析的方法解决汽车各种故障。

 任务评价

一、自我评价

1. 什么是电路原理图？电路原理图有什么特点？

2. 汽车电路图的读图要点有哪些？

3. 自己对学习本任务的自我评价（包括着装、学习态度、知识以及技能掌握程度、工作页的填写情况等）。

二、小组评价

序号	评价项目	评价情况		
		好	中	差
1	出勤情况			
2	着装情况			
3	课堂秩序			
4	学习是否积极主动			
5	学习任务书填写			
6	工具、仪器的使用情况			
7	工具整理、现场清理的情况			

三、教师评价

教师的总体评价：

任务二　大众车系电路的识读与分析

学习目标

◇　掌握大众电路图的特点。
◇　掌握大众车系电路图的识读方法。
◇　能够分析各种常见大众车系的电路图。
建议完成本任务的学时为 8 学时。

内容结构

 **任务描述**

学习大众车系电路图的特点和识读方法，完成读懂大众车系轿车总电路图、分析大众车系电路工作原理和电路中电流的走向，学会用诊断工具解决大众车系全车电路常见故障的任务。

第一部分 任务学习引导

一、大众车系电路图的识读与分析

1. 大众车系电路图的特点
① 电路采用纵向排列。
② 采用断线带号法解决交叉问题。
③ 在表示线路走向的同时，还表达了线路结构的情况。
④ 导线颜色采用直观表达法。
⑤ 电路图中使用了一些统一符号。

2. 大众汽车电路图的识读方法
① 汽车整个电气系统以中央电器装置（继电器、熔断器插座板）为中心。
② 以分数形式标明继电器插脚与中央电器装置插孔的配合。
③ 中央电器装置上的插头与线束插座有对应的字母标记。
④ 导线颜色采用直观表达法。
⑤ 电路图中使用了一些统一的图形符号。

3. 电路图中图形符号的含义（如图 10-8 所示）
① S 代表熔丝，其下脚标号代表该熔断器在中央线路板上的位置。
② A13 为中央线路板接头说明。
③ T29/8 表示连接插头，即 29 孔插头的第 8 位上。
④ 导线尾部标号表示该导线连接的开关接线柱号。
⑤ K6 表示报警闪光装置指示灯。
⑥ 框内 102、128、238 表示此导线与线路图下端第 102、128、238 编号上方的导线连接。
⑦ 30 为常火线，即在停车或发动机熄火时仍有电。
⑧ 15 为小容量电器的火线，在点火开关闭合时，由点火开关直接将其接通带电。
⑨ X 为接大容量电器的火线，在点火开关处于点火位置，通过中间继电器 J59 将其接通带电。
⑩ 31 为中央线路板内搭铁线。

二、大众车系电路分析实例

下面以上海桑塔纳轿车电路系统为例，分析大众车系电路的工作原理及线路连接，电气设备的布置、线束布置（如图 10-9 所示）。

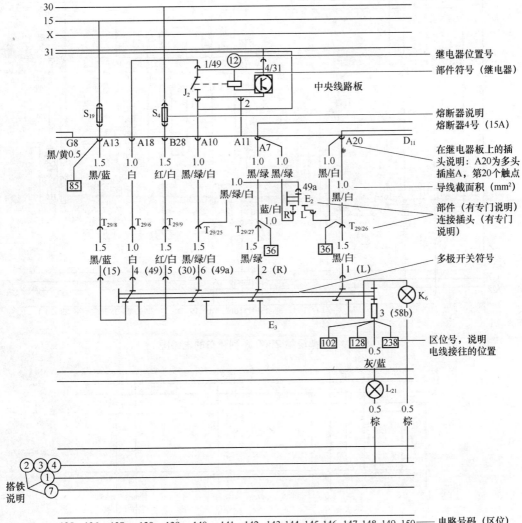

图10-8 大众汽车电路图图形符号说明

1. 电源系统电路（如图 10-10 所示）

上海桑塔纳轿车使用 12V，容量为 54A·h 的蓄电池整体式硅整流发电机。当发动机的转速低于 1200r/min 时，蓄电池担负着向用电设备供电的任务，同时向发电机提供励磁电流。发电机励磁电路为：蓄电池"+"或（发电机"+"）→点火开关→充电指示灯 K$_2$→发电机励磁绕组→电压调节器→搭铁→蓄电池"-"或（发电机"-"）。当发电机的转速高于 1200r/min 时，发电机向外供电，并向蓄电池充电，充电指灯熄灭。

2. 点火系统电路

点火系统的主要元件有点火线圈、分电器、点火模块、火花塞，点火开关等，如图 10-11 所示。其中，电子点火器 N41 有 7 个脚，"1"—接点火线圈"-""2"—接蓄电池"-"；"3"—接分电器"-"；"4"—接点火线圈"+"；"5"—接分电器"+"；"6"—接分电器"S"；"7"—空脚。

车电气设备原理与检修 ■■■ ■■■

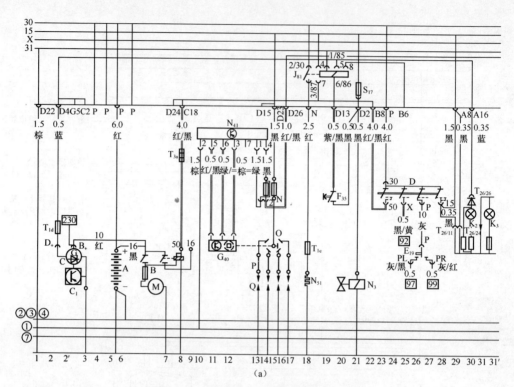

图 10-9　桑塔纳 2000 系列轿车的电路图

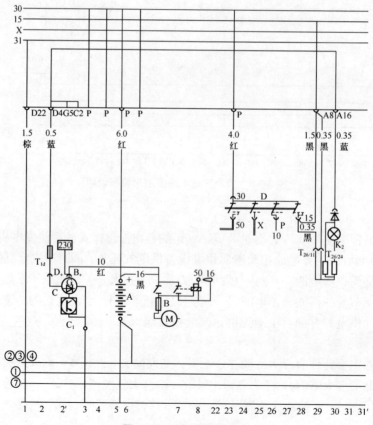

图 10-10　电源系统电路

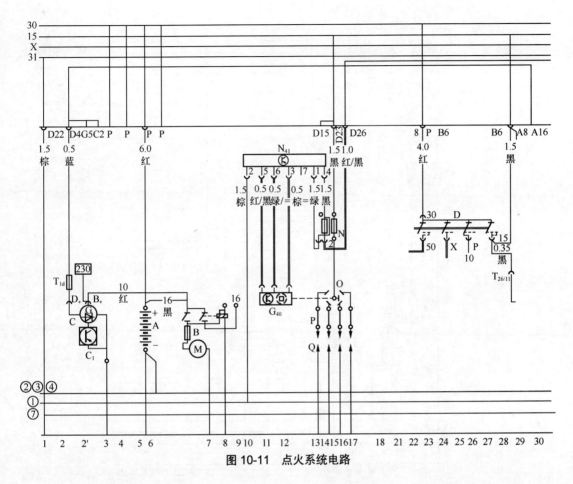

图 10-11　点火系统电路

①　低压电路为：电源正极→点火开关→编号 15 的线路→点火线圈初级绕组→电子点火器 41→搭铁→电源负极。

②　高压电路为：点火线圈次级绕组 "+" →点火线圈 "+" 接线柱→编号 15 的线路→点火开关→蓄电池→搭铁→火花塞→分高压线→配电器旁电极→分火头→中央高压线→次级绕组 "–"。

3.　启动系统电路（如图 10-12 所示）

直流串励式电动机（功率为 950W）由点火开关的启动挡直接控制。点火开关内设置有机械锁止装置，对启动系统起保护作用。当点火开关置于启动挡时，接通启动机电磁开关内的吸拉和保持线圈，其电路为：蓄电池正极→点火开关启动挡→启动机电磁开关→搭铁→蓄电池 "–"。

启动机主电路为：蓄电池 "+" →电磁开关接触盘→启动机→搭铁→蓄电池 "–"。

4.　仪表、信号电路（如图 10-13 所示）

（1）仪表电路

仪表电路是指冷却液温度表、油压表、燃油表、油压警告灯、发电机转速表等仪表的电路。仪表系统受点火开关控制。点火系工作的同时，仪表和指示灯电路也同时工作。

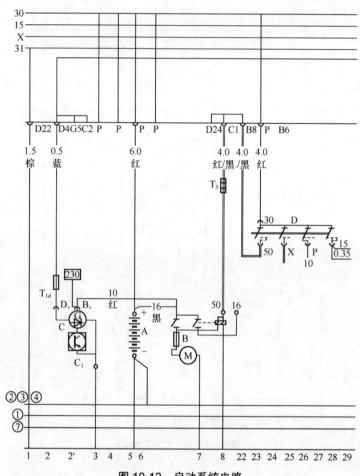

图 10-12　启动系统电路

① 油压指示系统

a. 低压传感器触点为常闭触点，工作压力为 30kPa，低于该值，低压传感器触点闭合；其电路为：电源正极→点火开关 30→油压检查控制器 J114 →低压传感器 F1 触点→低压传感器 F1 外壳→搭铁→电源负极。

b. 高压传感器触点为常开触点，工作压力 180kPa，低于该值，高压传感器触点断合，高于该值，高压传感器触点闭合；电源正极→点火开关→油压检查控制 J114 →高压传感器 F22 触点→高压传感器壳体→搭铁→电源负极。

② 燃油表电路

电源正极→点火开关→编号 15 的线路→稳压器 J6→燃油表 G1 →燃油传感器 G→搭铁 →电源负极。

③ 水温表电路

电源正极→点火开关→编号 15 的线路→稳压器 J6→水温表 G3 →水温表传感器 G2→搭 铁→电源负极。

④ 冷却液位报警指示电路

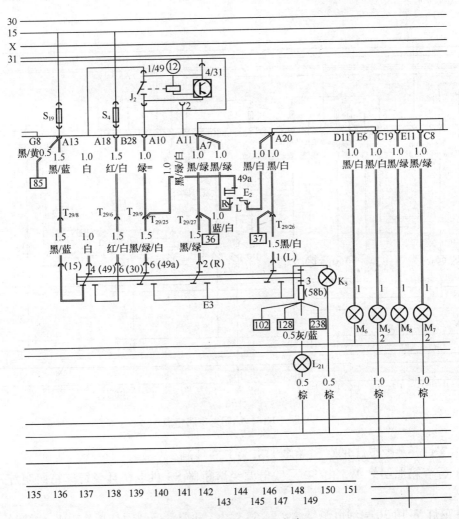

图 10-13 仪表、信号电路

电源正极→点火开关→编号 15 的线路→稳压器 J6→液位报警灯 K28→液位控制器 J120→冷却液不足开关 F66→搭铁→电源负极。

当冷却液温度超过 124℃或液位低于限定值时报警灯 K28 点亮。

(2) 信号电路

① 转向信号灯与报警信号系统,4 只转向信号灯 M_5、M_6、M_7、M_8 兼作报警灯使用。倒车灯和制动灯分为左、右两只,与后转向信号灯、尾灯等组合在一起。

② 小灯与尾灯兼作停车灯使用,当汽车停驶时,用作停车灯;当汽车行驶时,用作小灯和尾灯。小灯 M_1、M_3 和尾灯 M_2、M_4 受点火开关 D(四掷第三位)、车灯开关 El(四掷第三位)和停车灯开关 E19 控制。

5. 照明系电路(如图 10-14 所示)

桑塔纳轿车的照明系统由前照灯、仪表灯、牌照灯、停车灯、尾灯以及雾灯等组成。

(1) 前照灯 L_1、L_2 受车灯开关 E_1 和转向组合手柄开关中的变光与超车灯开关 E_4 控制。

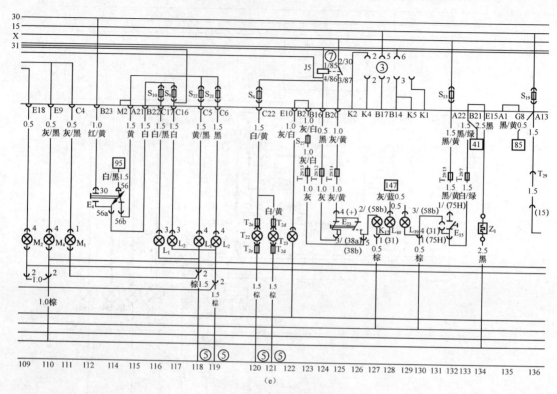

图 10-14　照明系电路特点

（2）雾灯开关受车灯开关 E1 和雾灯开关 E23 控制。

（3）行李箱照明灯 W3 由 30 号线电源经熔断器 S3 供电，且受行李箱照明灯开关 F5 控制。

（4）顶灯 W 由 30 号线电源经熔断器 S3 供电，并分别受到顶灯开关和 4 个并联的门控开关 F2、F3、F10、F11 控制。

（5）牌照灯有两只，受车灯开关控制。

6. 喇叭和冷却风扇控制电路

喇叭与冷却风扇的电路由点火开关控制的编号为 15 的线路控制，电流通过熔丝 S16 给喇叭 H1 通电发音。

当冷却液温度高于 95℃时，温控开关 F18 闭合，电源经熔丝 S1、冷却风扇电动机 V7 低速接柱构成回路，V7 以 1600r/min 的速度运转。当冷却液温度高于 105℃时，温控开关 F18 的高温触点闭合，风扇电动机 V7 的高速接柱通电，冷却风扇以 2400r/min 的速度高速运转。

当接通空调开关 E30，冷却继电器 J32 吸合，使风扇电动机 V7 高速运转，以加强冷凝器的散热强度，提高制冷系的制冷效率。

第二部分　任务实施

在任务实施的过程中，将学习的内容运用其中，做到学以致用。

一、工具准备

① 桑塔纳 2000 整车（或整车电路台架）1 台。
② 全车线路连接板 4 台。
③ 桑塔纳 2000 维修手册 1 本。
④ 万用表 4 个。
⑤ 试灯 4 个。
⑥ 维修导线 1 扎。
⑦ 常用工具 1 套。

二、技术要求与标准

① 所有操作符合安全操作要求。
② 所有操作汽车汽车整车电路维修技术标准。
③ 在操作过程中不允许出现安全事故。

三、要完成的工作

在桑塔纳 2000 台架上按照下列顺序进行电路识读桑塔纳轿车电路图主要包括电源系统、启动系统、点火系统、进气预热系统、仪表系统、照明系统、信号与报警系统、风窗刮水与清洗系统、空调系统以及收放机系统等。

1．识读步骤
① 识读电源系统电路。
② 识读启动系统电路。
③ 识读点火系统电路。
④ 识读仪表系统电路。
⑤ 识读警报系统电路。
⑥ 识读照明系统电路。
⑦ 识读信号系统电路。
⑧ 识读辅助电器电路。

2．全车线路故障诊断
（1）线路检查
可通过万用表电压挡或试灯逐段检查。
（2）电源系统
可通过万用表测发电机电枢接柱启动前后的电压，判断是否有故障。
（3）启动系统
若用点火开关不能正常启动，可通过短路启动机主电路和控制电路观察启动状况，从而判断故障部位。
（4）点火系统
通过测量低压电路和高压跳火及信号变化进行初步判断。
（5）仪表、信号、照明、辅助系统

用万用表或试灯检查线路或部件。

3．实训数据或现象记录、处理、分析

用文字描述桑塔纳轿车电源系统、启动系统、点火系统电路的识读。

 任务评价

一、自我评价

1．上海桑塔纳轿车的总电路图采用了什么画法？简述其特点。

2．上海桑塔纳轿车电路图上的一些统一符号，如"30"、"15"、"X"、"31"等分别表示什么？

3．自己对学习本任务的自我评价（包括着装、学习态度、知识以及技能掌握程度、工作页的填写情况等）。

二、小组评价

序号	评价项目	评价情况		
		好	中	差
1	出勤情况			
2	着装情况			
3	课堂秩序			
4	学习是否积极主动			
5	学习任务书填写			
6	工具、仪器的使用情况			
7	工具整理、现场清理的情况			

三、教师评价

教师的总体评价：

任务三　通用车系电路的识读与分析

 **学习目标**

◇ 掌握通用车系电路图的特点。

◇ 掌握通用车系电路图的识读方法。

◇ 能够分析各种常见通用车型的电路图。

建议完成本任务的学时为 6 学时。

 **内容结构**

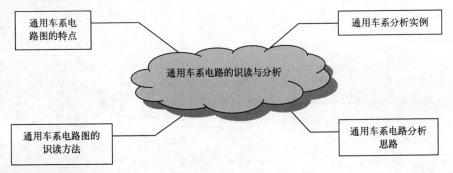

 **任务描述**

　　学习通用车系电路图的特点和识读方法，完成读懂通用车系轿车总电路图，学会电路故障诊断工具、量具的使用，并进行全车线路故障诊断与排除的任务。

第一部分　任务学习引导

一、通用车系电路分析

1. 电路图的特点

（1）电路图中标有特殊的符号

① 静电敏感符号，用于提醒检修人员。系统内含有对静电放电敏感的部件，在维修时应注意。

② 安全气囊符号，用于提醒检修人员，该系统为安全气囊系统或与安全气囊系统相关。

③ 故障诊断符号，用于提醒检修人员该电路在车载诊断（OBD-Ⅱ）范围内，当该电路出现故障时，故障指示灯会亮。

④ 注意事项符号，用于提醒检修人员还有其他附加系统维修的信息。

（2）电路图中标有电源接通说明

系统电路图中的电源通常是从该电路的熔断器起，在电路图的上方，用黑框表示，并用黑框中的文字说明在什么样的情况下该电路接通电源。

2. 电路图中标有电路编号及其含义

通用车系的电路图中，各导线除了标明颜色和截面积外，通常还标有该电路的编码，通过电路编码可以知道该电路在汽车上的位置，以便读图和故障查询。现以上海别克轿车的自动变速器控制电路为例，说明通用汽车电路图的识读方法（如图 10-15 所示），电路图中的大圆圈中数字是注释号，其各部含义如下。

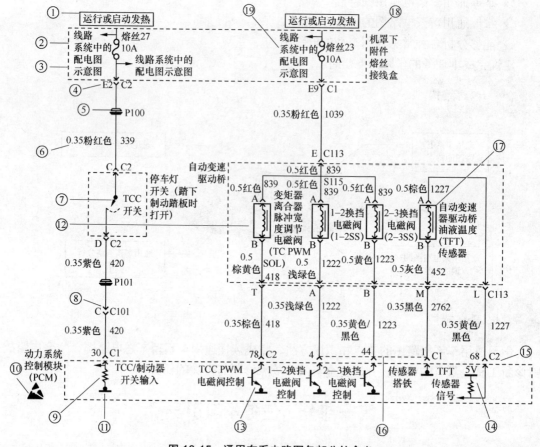

图 10-15　通用车系电路图各部分的含义

① "运行或启动发热" 表示线路在点火开关处于点火或启动挡时有电，电压为蓄电池工作电压。

② 表示 27 号 10A 的熔断器。

③ 虚线框表示没有完全表示出接线盒所有部分。

④ 表示导线由发动机罩下熔断器接线盒的 C2 连接插头的 E2 引脚引出，连接插头编号 C2 写在右侧，插脚编号 E2 写在左侧。

⑤ 符号 P100 表示贯穿式密封圈，其中 P 表示密封圈，100 为其代号。

⑥ 0.35 粉红色"表示导线截面积为 $0.35mm^2$，线的颜色为粉红色，数字"339"是车辆位置分区代码，表示该线束位置在乘客室。

⑦ 表示 TCC（液力变矩器中的锁止离合器控制）开关，图中表示 TCC 处于接通状态，其开关信号经过 P101 和 C101，由动力控制模块（PCM）中的 Cl 插头 30 号引脚进入 PCM 中。

⑧ 表示直列型插接器，右侧"C101"表示连接插头编号（其中 C 表示连接插头），左侧"C"表示直列线束插接器的 C 插脚。

⑨ 表示输出电阻器，这里用来把 TCC 和制动灯开关的信号以一定的电压信号的形式输出给动力控制模块 PCM 的内部控制电路。

⑩ 表示动力控制模块 PCM 是对静电敏感的部件。

⑪ 表示搭铁。

⑫ 表示在自动变速器内部的 TCC 锁止电磁阀，此电磁阀控制液力变矩器内部锁止离合器的结合。它在点火开关处于点火或启动挡时，通过 23 号 10A 的熔断丝供电。

⑬ 表示带晶体管半导体元件控制的集成电路。这里为动力电控单元 PCM 内部集成的控制电路，控制电磁阀驱动电路，通过 PCM 搭铁。

⑭ 表示输出电阻。PCM 提供 5V 稳压通过内部串接电阻与自动变速器油温传感器（TFT）连接，同时将自动变速器油温传感器（NTC 型电阻）信号传给 PCM。

⑮ 表示动力制模块 PCM 的 C2 连接插头的 68 插脚。

⑯ 用虚线表示 4、44、1 插脚均属于 C1 连接插头。

⑰ 表示自动变速器内部的自动变速器油温传感器，它是一个随温度增加阻值减小的 NTC 型电阻。

⑱ 表示部件的名称及所处的位置。该机罩下附件导线接线盒位于发动机的左侧（从车的前面看）。

⑲ 表示导线通往机罩下附件导线接线盒的其他电路，对目前所显示的电气系统没有作用，是一种省略的画法。

二、通用车系电路分析实例

下面以上海通用别克轿车的冷却风扇控制电路为例，介绍通用车系电路图的分析方法。

上海通用别克轿车的冷却风扇控制电路如图 10-16 所示。

冷却风扇由两个熔断器（6 号 40A 和 21 号 15 A）分别向发动机冷却风扇供电。熔断器位于发动机罩下附件接线盒内，如图 10-17 所示。

（1）冷却风扇低速工作时电路

PCM 通过低速风扇控制电路为继电器 12 的控制电路提供搭铁。继电器 12 的控制电流通路为：与电源直接连接（所有时间通电）→熔丝 6→继电器 12→PCM 的低速风扇控制电路搭铁。于是，继电器 12 的线圈中有电流通过，控制动合触点闭合，向冷却风扇电动机供电。此时由于左侧的冷却风扇电动机与右侧的冷却风扇电动机串联，所以风扇低速运转。电流通路为：与电源直接连接（所有时间通电）→熔丝 6→继电器 12→左侧的冷却风扇电动机→继电器 9 的动断触点→右侧的冷却风扇电动机→导线系统搭铁分配器搭铁。

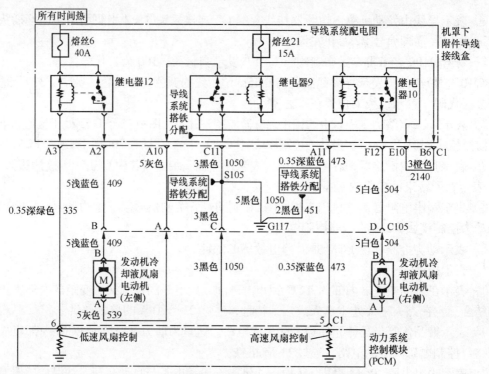

图 10-16　上海通用别克轿车的冷却风扇控制电路

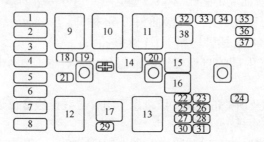

图 10-17　发动机罩下熔断丝、断路器及继电器位置

（2）冷却风扇高速工作时电路

PCM 首先经低速风扇控制电路对继电器 12 提供搭铁路径。经 3s 延时后，PCM 经高速风扇控制电路为继电器 9 和继电器 10 提供搭铁路径。左侧风扇电动机继续由熔丝 6 提供电流。但熔丝 21（15A）为右侧风扇电动机提供电流。各风扇接收不同的搭铁路径。因此，风扇高速运行。左侧风扇电动机的电路通路为：与电源直接连接（所有时间通电）→熔丝 6→继电器 12→左侧的冷却风扇电动机→继电器 9 的动断触点→导线系统搭铁分配器搭铁。右侧风扇电动机电流通路为：与电源直接连接（所有时间通电）→熔丝 21→继电器 10 的动断触点→右侧的冷却风扇电动机→导线系统搭铁分配器搭铁。

在看懂电路图的同时还应清楚 PCM 在什么情况下控制继电器 12 搭铁，其条件如下。

① 发动机冷却液的温度超过 106℃。

② 请求 A/C 且环境温度高于 50℃。

③ A/C 制冷剂压力大于 1.31 MPa。

④ 点火关闭且发动机冷却液的温度高于 140℃。

高等职业教育课改系列规划教材目录

书　名	书　号	定　价
高等职业教育课改系列规划教材（公共课类）		
大学生心理健康案例教程	978-7-115-20721-0	25.00 元
应用写作创意教程	978-7-115-23445-2	31.00 元
高等职业教育课改系列规划教材（经管类）		
电子商务基础与应用	978-7-115-20898-9	35.00 元
电子商务基础（第 3 版）	978-7-115-23224-3	36.00 元
网页设计与制作	978-7-115-21122-4	26.00 元
物流管理案例引导教程	978-7-115-20039-6	32.00 元
基础会计	978-7-115-20035-8	23.00 元
基础会计技能实训	978-7-115-20036-5	20.00 元
会计实务	978-7-115-21721-9	33.00 元
人力资源管理案例引导教程	978-7-115-20040-2	28.00 元
市场营销实践教程	978-7-115-20033-4	29.00 元
市场营销与策划	978-7-115-22174-9	31.00 元
商务谈判技巧	978-7-115-22333-3	23.00 元
现代推销实务	978-7-115-22406-4	23.00 元
公共关系实务	978-7-115-22312-8	20.00 元
市场调研	978-7-115-23471-1	20.00 元
物流设备使用与管理	978-7-115-23842-9	25.00 元
高等职业教育课改系列规划教材（计算机类）		
网络应用工程师实训教程	978-7-115-20034-1	32.00 元
计算机应用基础	978-7-115-20037-2	26.00 元
计算机应用基础上机指导与习题集	978-7-115-20038-9	16.00 元
C 语言程序设计项目教程	978-7-115-22386-9	29.00 元
C 语言程序设计上机指导与习题集	978-7-115-22385-2	19.00 元
高等职业教育课改系列规划教材（电子信息类）		
电路分析基础	978-7-115-22994-6	27.00 元
电子电路分析与调试	978-7-115-22412-5	32.00 元
电子电路分析与调试实践指导	978-7-115-22524-5	19.00 元
电子技术基本技能	978-7-115-20031-0	28.00 元
电子线路板设计与制作	978-7-115-21763-9	22.00 元

书　名	书　号	定　价
单片机应用系统设计与制作	978-7-115-21614-4	19.00 元
PLC 控制系统设计与调试	978-7-115-21730-1	29.00 元
微控制器及其应用	978-7-115-22505-4	31.00 元
电子电路分析与实践	978-7-115-22570-2	22.00 元
电子电路分析与实践指导	978-7-115-22662-4	16.00 元
电工电子专业英语（第 2 版）	978-7-115-22357-9	27.00 元
实用科技英语教程（第 2 版）	978-7-115-23754-5	25.00 元
电子元器件的识别和检测	978-7-115-23827-6	27.00 元
电子产品生产工艺与生产管理	978-7-115-23826-9	31.00 元
电子 CAD 综合实训	978-7-115-23910-5	21.00 元
电工技术实训	978-7-115-24081-1	27.00 元
高等职业教育课改系列规划教材（动漫数字艺术类）		
游戏动画设计与制作	978-7-115-20778-4	38.00 元
游戏角色设计与制作	978-7-115-21982-4	46.00 元
游戏场景设计与制作	978-7-115-21887-2	39.00 元
影视动画后期特效制作	978-7-115-22198-8	37.00 元
高等职业教育课改系列规划教材（通信类）		
交换机（华为）安装、调试与维护	978-7-115-22223-7	38.00 元
交换机（华为）安装、调试与维护实践指导	978-7-115-22161-2	14.00 元
交换机（中兴）安装、调试与维护	978-7-115-22131-5	44.00 元
交换机（中兴）安装、调试与维护实践指导	978-7-115-22172-8	14.00 元
综合布线实训教程	978-7-115-22440-8	33.00 元
TD-SCDMA 系统组建、维护及管理	978-7-115-23760-8	33.00 元
光传输系统（中兴）组建、维护与管理实践指导	978-7-115-23976-1	18.00 元
网络系统集成实训	978-7-115-23926-6	29.00 元
高等职业教育课改系列规划教材（汽车类）		
汽车空调原理与检修	978-7-115-24457-4	18.00 元
汽车电气设备原理与检修	978-7-115-24606-6	27.00 元
高等职业教育课改系列规划教材（机电类）		
钳工技能实训（第 2 版）	978-7-115-22700-3	18.00 元

　　如果您对"世纪英才"系列教材有什么好的意见和建议，可以在"世纪英才图书网"（http://www.ycbook.com.cn）上"资源下载"栏目中下载"读者信息反馈表"，发邮件至 wuhan@ptpress.com.cn。谢谢您对"世纪英才"品牌职业教育教材的关注与支持！

对于风扇高速控制，PCM 延后右侧冷却风扇电机和继电器 10 控制达 3s。3s 延时后可确保冷却风扇电负荷不超过系统的容量。

PCM 在以下各情况下为继电器 12、继电器 9 和继电器 10 提供搭铁。

① 当发动机冷却液的温度超过 110℃。

② A/C 制冷剂的压力大于 1.655MPa。

第二部分　任务实施

在任务实施的过程中，将学习的内容运用其中，做到学以致用。

一、工具准备

① 别克凯越整车（或整车电路台架）1 台。

② 全车线路连接板 4 台。

③ 别克凯越维修手册 1 本。

④ 万用表 4 个。

⑤ 试灯 4 个。

⑥ 维修导线 1 扎。

⑦ 常用工具 1 套。

二、技术要求与标准

① 所有操作符合安全操作要求。

② 所有操作符合汽车整车电路维修技术标准。

③ 在操作过程中不允许出现安全事故。

三、要完成的工作

在别克凯越台架上按照下列顺序进行电路识读。别克凯越轿车电路图主要包括电源系统、启动系统、点火系统、进气预热系统、仪表系统、照明系统、信号与报警系统、风窗刮水与清洗系统、空调系统以及收放机系统等。

1．识读步骤

① 识读电源系统电路。

② 识读启动系统电路。

③ 识读点火系统电路。

④ 识读仪表系统电路。

⑤ 识读警报系统电路。

⑥ 识读照明系统电路。

⑦ 识读信号系统电路。

⑧ 识读辅助电器电路。

2．全车线路故障诊断

（1）线路检查

可通过万用表电压挡或试灯逐段检查。

汽车电气设备原理与检修

（2）电源系统

可通过万用表测发电机电枢接柱启动前后的电压，判断是否有故障。

（3）启动系统

若用点火开关不能正常启动，可通过短路启动机主电路和控制电路观察启动状况，从而判断故障部位。

（4）点火系统

通过测量低压电路和高压跳火及信号变化进行初步判断。

（5）仪表、信号、照明、辅助系统

用万用表或试灯检查线路或部件。

 任务评价

一、自我评价

1．简述别克凯越轿车的总电路图的特点。

2．根据实习台架画出别克凯越轿车各个电气系统的电路图并与维修手册标准电路图进行比较。

3．自己对学习本任务的自我评价（包括着装、学习态度、知识以及技能掌握程度、工作页的填写情况等）。

二、小组评价

序号	评价项目	评价情况		
		好	中	差
1	出勤情况			
2	着装情况			
3	课堂秩序			
4	学习是否积极主动			
5	学习任务书填写			
6	工具、仪器的使用情况			
7	工具整理、现场清理的情况			

三、教师评价

教师的总体评价：